MW01608531

UNE CERTAINE
VISION DU MONDE

ALESSANDRO BARICCO

UNE CERTAINE VISION DU MONDE

Cinquante livres que j'ai lus et aimés
(2002-2012)

Traduit de l'italien
par Vincent Raynaud

GALLIMARD

PROLOGUE

Il y a dix ans, j'ai déménagé dans une autre ville. Jusque-là, rien de bien intéressant. Simplement, en déménageant dans une nouvelle ville, j'ai laissé dans l'ancienne tous les livres que j'avais lus et je me suis installé dans un logement où il n'y en avait pas un seul à moi. Et donc, à présent, il y a dans cet appartement dix ans de lecture, ces dix dernières années. Je range les livres les uns à côté des autres, non par ordre alphabétique ou par catégorie, mais suivant l'ordre dans lequel je les ai ouverts (un système que je conseille, d'ailleurs : les soirs d'ennui, on peut examiner le dos des livres et, si on en a envie, passer en revue des pans entiers de sa vie, il suffit d'attendre que revienne le parfum des jours où on les a tenus entre nos mains : et il revient, il revient toujours). C'est pour cette raison que je suis en mesure de dire sans trop de risque de me tromper quels sont les cinquante meilleurs livres que j'ai lus au cours des dix dernières années. Ce qui est un tantinet plus difficile à expliquer, c'est pourquoi j'ai décidé d'écrire sur chacun d'eux, de publier un article par livre et par semaine, chaque dimanche pendant un an.

Pour que d'autres les lisent, dirais-je. Et ce serait une raison suffisante. Mais ce n'est pas tout. D'abord, j'aime l'idée de parler de livres, à un moment où il ne semble plus si important de se demander lesquels sont bons et lesquels ne le sont pas, de se disputer et de donner son avis. Ça, on le fait plus naturellement avec les films ou la politique. Et pourtant les livres sont toujours là, par milliers, et ils continuent à incarner une civilisation de plaisirs patients, qui contribue d'une façon plutôt silencieuse à tracer les contours de l'intelligence et de l'imagination collectives. Tout ce qu'on peut faire pour mettre en valeur une si douce liturgie, on doit le faire. Je vais donc apporter ma pierre à l'édifice.

Mais il y a aussi une autre raison, peut-être plus importante encore à mes yeux. J'ai essayé de la résumer dans le titre de ce projet qui a duré un an. *Une certaine vision du monde.* Le fait est que j'ai de plus en plus de mal à dire ce que je vois quand je regarde autour de moi, et même fixer un segment particulier de ce grand spectacle ne semble guère fonctionner : on finit par s'empêtrer dans des considérations techniques qui isolent peut-être un détail, mais qui ne permettent pas d'embrasser le tableau d'ensemble, le seul qui compte vraiment. Pour autant, comment rester muet devant tout ce qui se passe autour de nous, surtout quand on gagne sa vie en se servant du goût et de l'intelligence comme instruments de travail ? C'est un luxe qu'on ne peut pas s'autoriser.

Au final, je me suis souvenu d'une chose que j'ai apprise des personnes âgées : faites-les parler de ce qu'elles connaissent et aiment vraiment, et vous saurez ce qu'elles pensent du monde. (Demandez-leur comment elles imaginent le paradis, si vous voulez comprendre ce qu'elles pensent de la vie : je ne sais plus qui l'a dit, mais c'est vrai.) Moi, des choses que je connais vraiment et que j'aime depuis toujours, il y en a deux ou trois. Parmi elles, il y a les livres. Un jour, cette idée m'est venue : si je me mettais à en parler, à les prendre un par un, seulement les bons, sans m'interrompre pendant un moment, eh bien, ça exprimerait une certaine vision du monde. Et il y avait de bonnes chances pour que ce soit la mienne.

Et donc nous y voilà. Je voudrais juste préciser qu'il y aura de tout, des romans, des essais, des ouvrages qui viennent de paraître, d'autres désormais introuvables, la seule condition étant que ce soient des livres. Et je tiens à rappeler que ce ne sont pas les cinquante plus beaux que j'ai lus dans ma vie, ce serait une tout autre histoire, une sorte de panthéon personnel que je n'aurais jamais songé à dresser. Ceux-là sont le fruit du hasard, c'est une partie de ce que, fortuitement, j'ai lu durant cette période de ma vie, voilà tout. Pour être clair, il n'y aura pas le *Voyage au bout de la nuit* (que j'ai lu quand j'avais vingt ans), ni *Anna Karénine* (que je garde pour un long séjour à l'hôpital, en espérant ne jamais devoir le lire). J'ai simplement choisi les cinquante meilleurs livres parmi ceux que j'ai lus récemment. Ce sont ceux dont je parle avec mes amis, quand nous avons fini de nous disputer à propos de films et de politique. Ils méritaient un peu mieux que cela.

A. B.

novembre 2012

L'édition française ou, à défaut, l'édition originale est mentionnée à la fin de chaque chapitre.

ANDRE AGASSI

Open

Acheté sur les conseils de deux amis, tous deux plus jeunes que moi et tous deux scénaristes. Toujours faire confiance aux scénaristes qui lisent.

Certes, ce n'est pas lui qui l'a écrit. C'est J. R. Moehringer, qui a remporté le Pulitzer du journalisme en 2000 et qui possède objectivement un talent monstrueux. Mais il ne faut pas croire qu'il s'est contenté de jouer les nègres : il a su donner à Agassi une voix (car une vie, il en avait déjà une, une vie incroyable) et une capacité diabolique à raconter. Résultat : on oublie aussitôt Moehringer et on se retrouve en voyage avec un Agassi tel qu'on ne l'aurait jamais imaginé, un Agassi qui ne cesse de parler un seul instant. Une fois monté à bord, on n'en redescend plus qu'à la dernière page. À tel point que vos proches se plaignent et que votre travail en pâtit.

Généralement, quand un livre atteint pareil résultat, il pose une de ces quatre questions : qui est l'assassin ? Le héros trouvera-t-il sa voie ? Se marieront-ils à la fin ? Lequel des deux gagnera ? *Open* en pose trois sur quatre et les mélange parfaitement : aucune chance d'échapper au piège. (Il manque le meurtre mais, au fond, l'idée d'entraîner son fils de sept ans en lançant sur lui deux mille cinq cents balles de tennis par jour ressemble beaucoup à une sorte d'empoisonnement méthodique, et c'était précisément le projet pédagogique que le père d'Agassi avait en tête.)

Maintenant que je l'ai écouté parler, je sais qu'Agassi a vécu comme il jouait au tennis, c'est-à-dire les pieds loin devant la ligne de fond, agressant la balle tandis qu'elle monte (quand les autres attendent sagement qu'elle redescende), pensant toujours à une vitesse déraisonnable et collectionnant aussi bien les sottises colossales que les inventions sublimes. Pendant qu'il faisait tout cela, il s'efforçait de donner un sens à sa vie, ce qui paraît difficile à croire quand on repense au bouffon vêtu d'un short en jean délavé avec une crinière teinte sur la tête. Mais pas si on ouvre le livre et qu'on lui donne sa chance. À la fin, on est bien obligé de capituler : il avait l'air débile et il ne l'était pas. Ou, plus exactement : il était intelligent, d'une manière fort barbare et donc fascinante. Le jeune Werther n'aurait guère été différent s'il était né en 1970 à Las Vegas. Tout reste en surface, mais quand il vous fait par exemple mesurer la quantité de vie susceptible de voyager dans une petite balle qui rebondit sur du ciment, en l'absence de toute profondeur et à la recherche maniaque de quelques lignes peintes en blanc, on peut se faire une idée très concrète de la façon dont l'infini parcourt l'épiderme du monde sans s'embarrasser à fouiller plus loin dans le sous-sol. Il faut juste posséder un esprit aussi rapide et léger, puis tout reprendra sa place.

Agassi avait (a) un esprit de ce genre-là, et les gens qui l'entouraient aussi, peut-être sous une forme un peu plus primaire (des personnes capables de prononcer des phrases telles que : « Andre, il y a des gens qui sont des thermomètres, d'autres des thermostats. Toi, tu es un thermostat. Tu n'indiques pas la température d'une pièce, tu la modifies. » Brutal, simpliste, mais vrai aussi, d'une certaine manière, et fort utile au moment de sortir pour la première fois avec la femme de ses rêves). Balle après balle, les questions sur la vie et les réponses fusent, elles rebondissent sur le ciment des pensées et, au final, on assiste à une seule et unique partie fascinante entre un gamin et le trou noir qu'il a en lui. Et c'est la même partie que nous disputons tous, que cela nous plaise ou non. J'en ai lu d'innombrables comptes rendus, et celui-ci possède une beauté élémentaire et synthétique qui vaut mille napperons littéraires (des romans au crochet, si vous voyez ce que je veux dire). À la fin de sa carrière, après des siècles de matchs gagnés et perdus, alors qu'il était déjà reparti de zéro plusieurs fois, qu'il n'entrait sur le court que grâce à des piqûres de cortisone, les journalistes commencèrent à lui demander pourquoi il ne raccrochait pas. C'était une question légitime, justement adressée à quelqu'un qui n'avait jamais cessé de se dire : « Je hais le tennis. » Et voici la réponse d'Agassi : « C'est comme ça que je gagne ma vie. Et puis il me reste encore du jeu. Je ne sais pas combien, mais il m'en reste. Je pense que je peux encore gagner. » J'ai en tête des dizaines de questions auxquelles je voudrais être capable de répondre avec la même efficacité barbare.

(Demandez-moi par exemple pourquoi je ne renonce pas à l'écriture et vous aurez droit à une conférence d'une demi-heure au minimum.)

Au fond, la seule chose qui m'a déçu dans le livre, c'est la fin. Le héros se marie, il gagne et trouve sa voie. Un happy end. Mais ce qui m'a déçu, ce n'est pas ça. C'est que le héros donne un sens à sa vie en entreprenant d'aider les autres, d'abord ses enfants, mais aussi les *vrais* autres : il ouvre une école destinée aux jeunes qui n'ont pas la possibilité de faire des études. Du bénévolat. Tout le monde est content. Rideau. Mais moi, je n'y crois pas. Pour moi, la recherche du sens est une sorte de partie d'échecs, dure et solitaire, qu'on ne gagne pas en s'éloignant de l'échiquier et en offrant un repas aux défavorisés. Bien sûr, aider son prochain fait du bien, c'est un geste fichûment juste et par ailleurs inévitable, nécessaire. Mais je n'ai jamais pensé qu'il avait un quelconque rapport avec le sens qu'on donne à sa vie. Je crains fort que le sens de la vie ne consiste à arracher le bonheur au plus profond de soi-même. Tout le reste est une sorte de luxe de l'âme, ou bien de misère, ça dépend des cas.

Certes, je peux me tromper, c'est juste une pensée instinctive – une certaine manière de voir le monde.

Open, d'Andre AGASSI, traduit de l'anglais (États-Unis) par Suzy Borello et Gérard Meudal, Plon, 2009. *(Toutes les notes sont du traducteur.)*

ISAIAH BERLIN

Les racines du romantisme☆1

Acheté parce que le sujet m'intéressait, mais sans savoir précisément ce que j'achetais. Comme lorsqu'on se réfugie dans une église pour s'abriter d'une averse puis qu'on découvre qu'elle est de Borromini. L'église, pas l'averse.

Le sujet semble certes on ne peut plus académique et donc à éviter soigneusement, mais cela vaut la peine de rappeler que le romantisme a constitué une impressionnante révolution culturelle qui a redessiné la façon de penser et de vivre de l'Occident, comme aimait à le répéter Berlin ; la dernière du genre avant celle entreprise par Bill Gates et Steve Jobs (c'est moi qui le précise, car Berlin est mort avant l'iPhone). Pendant deux cents ans au moins, nous avons été les enfants de cette révolution, et même les plus jeunes d'entre nous ne pourraient nier qu'ils en sont aujourd'hui les fruits

---

1. Les titres donnés en tête de chapitre suivis d'une étoile éclairée sont purement indicatifs et renvoient à des ouvrages non traduits en français.

tardifs et surréalistes. Il s'agit donc d'une spectaculaire ligne de partage dans l'histoire de la pensée : n'est-ce pas une chose fascinante que d'essayer de comprendre qui l'a conçue et pourquoi?

À ce sujet, Berlin avait des convictions fortes, sans doute discutables, mais des plus sensées. Et il savait les exposer d'une manière admirable, avec une clarté qui confère à ces leçons (tenues à Washington en 1965) la valeur d'une sentence définitive : plus d'alibi, il est possible d'expliquer de radicales mutations mentales et anthropologiques en les racontant telles de passionnantes et splendides aventures de l'intelligence, le tout sans ennuyer personne. D'ordinaire, on simplifie la question en séparant d'un côté l'érudition, et de l'autre la vulgarisation. Mais c'est une façon paresseuse de présenter les choses. Entre les deux, il y a un autre geste formidable, qu'accomplit Berlin : plonger l'érudition dans le flux d'un récit et tracer des cartes dont la complexité devient lisible, ordonnée et belle. Ils ne sont pas nombreux à s'y risquer et à réussir, ce qui explique pourquoi on préfère souvent croire que c'est impossible. Pourtant, ce n'est pas vrai, ce livre en est la preuve. Ce devrait être une lecture obligatoire pour tout professeur appelé à enseigner à l'école ce qu'est le romantisme, et c'est un plaisir lumineux pour quiconque aime avoir le souffle coupé face à l'aventure de la pensée.

On y apprend des dizaines de choses (au cas où on ne les aurait pas déjà sues). L'une d'elles, c'est que le romantisme ne fut pas une évolution de la philosophie des Lumières, mais une réaction furieuse, géniale et pleine de rancœur à celle-ci. Une autre, c'est que le brevet du romantisme est exclusivement allemand et qu'il a été allègrement copié par la suite, puis acheté par tous les autres, à commencer par les Anglais. Une autre encore, particulièrement désagréable, c'est qu'aux vraies racines du romantisme on trouve de prétendus penseurs populaires nés dans des milieux provinciaux, fermés, xénophobes et vaguement frontistes (pour ainsi dire), imprégnés d'une religiosité écrasante et bigote. S'ils vivaient aujourd'hui, ce seraient sûrement les vedettes des talk-shows télévisés de deuxième partie de soirée. Comment on a pu s'élever de ces individus à Goethe, Schelling et Hegel, voilà une histoire incroyable, le récit d'une véritable acrobatie. Et vous pensez que cela ne valait pas la peine de se la faire raconter, par un professeur tel que Berlin, en plus ? Lequel, soit dit en passant, livre des microleçons mémorables faites de questions que personne n'a jamais posées et de réponses que nul n'a jamais données, circulant des unes aux autres et rendant au verbe « apprendre » son sens le plus juste : celui d'une émotion prolongée, à l'issue de laquelle on en sait plus qu'avant. J'ai trouvé irrésistible la courte page dans laquelle il écrit de Bach ce que personne n'a jamais osé affirmer (Bach était un génie, mais pas assez cultivé pour comprendre qu'il en était un). Mais j'ai aussi souligné avec enthousiasme celle où, d'un air innocent, il explique pourquoi Hamlet, don Giovanni et don Quichotte sont devenus les personnages légendaires que nous connaissons, alors que c'étaient des individus quelconques, les héros de simples histoires, des arbres parmi d'autres dans la forêt, même pas les plus grands. Je songeais aux légions d'érudits déconcertés et je soulignais. De la même façon, j'ai mis de côté une fois pour toutes les premières pages du livre, celles où, pour bien déplier la carte sous nos yeux avant de s'en servir, Berlin précise en quelques lignes ce qu'a été la philosophie des Lumières (on ne peut pas comprendre Batman si on n'a pas compris qui est Goblin). Ce ne sont pas des performances comme celles dont parlent les journaux, mais dépeindre le siècle des Lumières en si peu de pages et avec une telle netteté est un de ces gestes qu'on n'oublie pas, pour peu qu'on y ait assisté des tribunes.

Et dans tous les cas, dois-je ajouter, je continuerais à porter ce livre dans mon cœur même s'il ne m'avait rien appris, car il m'a fait don de deux citations cachées dans les plis du texte, toutes deux courtes mais resplendissantes. Je ne les connaissais pas et j'en suis redevable à Berlin. La première est de Nietzsche, qui dit sans doute là une chose fausse. Mais, quand je pense à la conversation comme à un art, j'imagine des gens qui lancent des phrases telles que celle-ci, tout en remplissant leur pipe de tabac : « L'homme n'aspire pas au bonheur. Les Anglais, si. » Elle vous semble un peu sèche? Voici la seconde qui, elle, est immense. Je crois qu'elle pourrait facilement servir d'épigraphe à tout, et quand je dis *tout* je veux parler de toute l'expérience des vivants et du paysage où quelqu'un l'a installée. Berlin raconte qu'un jour on demanda à Novalis quel était d'après lui le sens de son art, quelle était la cible qu'il visait. La question était un peu vague, mais au fond c'était une bonne question. Et voici ce qu'il répondit : « Je me dirige toujours vers la maison, toujours la maison de mon père. » Chapeau bas.

The Roots of Romanticism, d'Isaiah BERLIN, Princeton University Press, 1999.

ELIZABETH STROUT

Olive Kitteridge

Acheté quand Elizabeth Strout est venue faire cours à la
Scuola Holden et que je me suis rendu compte que j'étais le
seul à ne l'avoir jamais lue. Ce qui n'était pas très élégant.

Il existe une vision de la littérature, très éloignée de
la mienne, que je définirais de cette façon : enregistrer
la stupéfiante normalité des vivants avec toute l'objec-
tivité possible, en se contentant presque de la photo-
graphier. On pourrait dire que Balzac le faisait déjà,
mais je veux parler ici d'un geste plus radical : on n'a
recours à aucun artifice narratif et l'objectif n'est pas
de faire entrer le chaos indistinct de la vie dans le cadre
formalisé d'un récit. On observe, c'est tout, et on laisse
la lumière des vivants impressionner la pellicule de la
langue. Souvent, il n'y a pas l'ombre d'un jugement ni
même une quelconque morale. Que les faits exposés
aient ou non valeur d'exemple ne semble guère avoir
d'importance. Chaque fragment de vie dépeint n'a
d'autre signification que lui-même. C'est le triomphe
du réel sur n'importe quel dessein.

J'étais très jeune quand je suis tombé pour la première fois sur ce type de littérature : contre tout bon sens, on m'avait offert un gros volume qui rassemblait l'intégralité des nouvelles de Tchekhov. Nombre d'entre elles n'avaient pas de chute, ce qui me rendait fou. Cet homme se limitait à découper au hasard des photogrammes dans le film qui défilait sous ses yeux, et il s'imaginait que c'était cela, écrire. C'était tellement absurde que je n'arrivais pas à interrompre ma lecture, comme quelqu'un qui ne parvient pas à résoudre une équation et qui persiste inlassablement.

Aujourd'hui, je sais que Tchekhov fut celui qui sut le mieux réaliser cette idée particulière de littérature et, avec le temps, j'ai découvert avec bonheur que la graine de ses nouvelles a donné naissance à une forêt de livres que j'ai souvent appréciés, mais de loin, comme on peut apprécier un endroit à la campagne dans lequel on n'irait pourtant habiter à aucun prix. J'ai pu constater que la forme idéale, pour ce type d'artisanat, est la nouvelle, pas le roman, et que les maîtres absolus du genre sont anglais et américains, outre quelques électrons libres venus d'Orient. Les autres s'y essaient, mais c'est comme d'entendre un Norvégien chanter 'O Sole Mio. Il est tout aussi clair qu'au fil du temps cette forme spécifique d'artisanat a servi avec acharnement une aspiration sublime et, à mes yeux, bien triste : faire taire la voix de l'auteur. Naturellement, il y a une logique, qui apparaissait déjà chez Tchekhov : si vous voulez un enregistrement pur du réel, il est évident que l'écrivain doit vider les lieux. Disparaître pour de bon. Quand on suit ce sentier-là et qu'on ne s'arrête pas en cours de route, on aboutit à Carver trafiqué par Gordon Lish. Et ç'a été pendant longtemps le modèle absolu : la perfection à admirer.

À présent, la situation est un peu différente. La barre est placée moins haut, la vague se projette moins loin sur le sable, les intentions sont plus mesurées. Il s'agit toujours de permettre au réel et à lui seul ou presque de s'imprimer sur le film, mais un autre climat recommence à émerger, une couleur plus chaude, des plans plus construits, l'esquisse d'une voix. Ce sont toujours des photographies, mais on devine la main du photographe, on fait même plus que la deviner. Parfois ce n'est pas désagréable, mais il arrive aussi que ce soit un enchantement. Il faut alors trouver un équilibre entre silence et voix, entre froideur et compassion, et le faire bien, avec élégance et précision. C'est une véritable prouesse, qui nous amène à Elizabeth Strout. D'après moi, parmi les auteurs vivants, Alice Munro et elle sont celles qui réussissent le mieux ce numéro d'équilibriste (deux femmes, ce qui n'est sans doute pas un hasard).

On ne peut regarder les photographies rassemblées dans *Olive Kitteridge* (qui est un recueil de nouvelles déguisé en roman) sans être ému, bien qu'on ne sache pas vraiment pourquoi. Elles ont toutes été prises dans un petit village de la province américaine situé au bord de l'océan Atlantique. Un petit monde, des histoires gigantesques ou minuscules, de celles qu'on entend chez le coiffeur. Presque tous les personnages ainsi immortalisés sont âgés, à la veille de la retraite ou peu s'en faut. Regardez-les, engoncés dans leur peau en papier de soie, tandis qu'ils scrutent les battements de leur cœur par crainte d'un possible infarctus, mais aussi pour enregistrer avec stupéfaction l'épiphanie têtue de désirs qui se manifestent sur le tard. Ils sont magnifiques, lorsqu'ils se penchent sur le grand livre de leur vie et qu'ils dressent le bilan, une colonne de souvenirs dont la somme ne leur apparaît jamais. Ils couvent des remords pour lesquels ils n'ont plus assez de temps, des regrets qu'ils ont du mal à se rappeler. Ils lisent les journaux et sont consternés d'avoir oublié à quel moment précis ils ont cessé d'avoir des opinions. Parfois le téléphone sonne, peut-être est-ce un de leurs enfants, qui sont tous grands à présent. Mais en définitive ce n'est presque jamais le cas, et ils se remettent alors à traîner les pieds dans leur petite maison qui paraît énorme, avec tout ce silence et ces pièces vides. Pourtant, ils sont capables de rire et chacun a son secret, à la chaleur duquel il se réchauffe durant l'hiver de ce crépuscule, et ils savent tous que c'est une offrande, chaque circonstance de la vie – même le jaune des bois ou le sucre sur les beignets. À un certain point, l'un d'eux, un type qui s'appelle Harmon, se met à penser à Dieu : « Il le fit songer à une tirelire qu'il aurait lui-même rangée en haut des étagères et qu'il irait maintenant chercher, afin de l'examiner avec des yeux nouveaux et plus attentifs. »

Je ne sais pas si Elizabeth Strout les a connus, ces personnages, mais moi oui. Voilà ce qui est beau : c'est comme si j'avais été là. Elle les a photographiés pour moi, en se servant d'un objectif dont j'ignore le secret, et désormais je serais capable de reconnaître l'odeur de leur maison, de les identifier à la façon dont ils frappent à la porte. Je les ferai entrer chaque fois qu'ils se présenteront, car l'éclat de leur pénombre fait partie de ce qui est susceptible de m'arriver quand il sera trop tard pour bien des choses et trop tôt pour la seule qui fasse vraiment peur. Inutile de préciser que, dans l'immédiat, j'ai des projets plus glorieux.

Olive Kitteridge, d'Elizabeth STROUT, traduit de l'anglais (États-Unis) par Pierre Brévignon, Écriture, 2010.

4 décembre 2011

RICHARD BRAUTIGAN

Mémoires sauvés du vent

Un ami scénariste me l'avait conseillé. Comme je crois l'avoir déjà dit, les scénaristes écrivent rarement de bons livres, j'ignore pourquoi, mais souvent ils en lisent d'excellents.

Des romans de cette trempe, on ne peut en écrire qu'après avoir atteint le fin fond de l'échec ou bien quand on est déjà mort : impossible d'avoir cette douce intensité, cette économie de langage convalescente lorsqu'on est vainqueur ou toujours en vie. Pour hurler ainsi, à mi-voix, on doit être fini. On a alors accès à une délicatesse qui, en contrepartie, est infinie.

Brautigan a écrit *Mémoires sauvés du vent* en 1982, un bout de temps après être tombé aux oubliettes et deux ans avant de se tuer d'une balle de fusil calibre .44. Dans les années soixante, ç'avait été une vedette, du moins aux États-Unis et dans le monde auquel la Beat Generation avait donné le jour. Une dizaine d'années plus tard, tout était déjà terminé. Son chef-d'œuvre s'intitule *La pêche à la truite en Amérique* : je n'ai jamais réussi à dépasser la page vingt (il faut dire que je ne

27

consomme pas de stupéfiants, jamais). En fait, c'est toute la culture de la Beat Generation qui ne m'a jamais vraiment emballé. *Sur la route*, par exemple, je trouve ça d'un ennui mortel. Pourtant, un jour, on m'a glissé ce petit roman dans les mains (les pages avaient de splendides bords rouges, et l'édition, particulièrement soignée, m'a plu) et je me suis dit que j'en lirais quelques lignes par pure politesse. Mais ce n'est pas ce qui est arrivé : je me souviens qu'une fois parvenu à la dernière j'ai refermé le livre et je l'ai retourné pendant quelques minutes entre mes mains, sans bouger de là où j'étais, c'est-à-dire dans la liturgie privée et solitaire de la lecture, qui est l'équivalent d'une standing ovation au théâtre.

C'est un livre posthume, aussi fragile que la peau des personnes âgées. Les phrases sont généralement très courtes, les retours à la ligne fréquents, cent pages au total : on sent la plume fatiguée, chaque passage bien écrit est comme une marche qu'on monte après une opération de la hanche. Et on se dit que s'il se mettait à courir ou à parler légèrement plus fort, bien vite lui viendrait la fièvre.

Oregon, 1948. Il y a un gamin et il y a un étang. Le gamin a douze ans, l'étang est minuscule, un de ceux où on va seulement pêcher un peu de temps en temps. Il y a aussi un couple bizarre – tous les deux très gros, elle et lui –, ils roulent chaque jour jusqu'à l'étang dans une fourgonnette pourrie, déchargent tous les meubles de chez eux (un divan, des chaises, deux tables basses, des lampes, des photographies encadrées à poser sur les tables basses, un poêle), puis s'asseyent sur le divan et se mettent à pêcher. Le gamin les aperçoit de l'autre rive de l'étang. Un jour, il décide de faire le tour et de venir les voir de plus près, peut-être pour comprendre qui diable ils peuvent bien être. Et c'est ce qu'il fait. Fin du roman.

Soit. Mais dans le temps qu'il faut pour faire le demi-tour de l'étang, beaucoup d'autres histoires trouvent place et, d'une certaine façon, toute la vie du gamin tient dans son récit. À bien y réfléchir, c'est une affaire de morts. Du début à la fin, la mort ne cesse de pointer le bout de son nez, y compris dans les gestes les plus fortuits (le gamin ne fait pas exprès d'aller vivre au-dessus d'une entreprise de pompes funèbres). Ça ne devrait pas être le cas : à douze ans, on est très occupé à comprendre ce qu'est la vie, et prendre conscience de ce curieux épilogue qu'est la mort ne semble pas être la priorité du moment. Mais, chez Brautigan, le gamin vient de cette marge de l'existence dans laquelle il était lui-même quand il décida de se la rappeler et de la raconter : il était en équilibre sur son fusil calibre .44 et ça se sent. Il y a donc le gamin, mais tout le reste a un parfum d'échec, de pauvreté et de mort.

Dit de cette manière, on risque de s'en faire une fausse idée. Si vous vous imaginez un livre sinistre qui porte la guigne, ce n'est pas ce que je voulais vous dire. Car le cœur de *Mémoires sauvés du vent* réside dans deux autres éléments qui sont franchement irrésistibles. Le premier, c'est que le gamin aime tout. J'entends par là que rien ne le dégoûte et qu'il sait voir le charme de la beauté dans d'innombrables choses. Rien ou presque n'a de sens, mais beaucoup de beauté traverse sa vie. Pas de sens, beaucoup de beauté. Un type s'est construit une cahute au bord de l'étang avec du bois de récupération, et aussi un ponton, toujours avec du bois de récupération : un petit bateau est amarré au ponton, il l'a également fait lui-même et c'est un chef-d'œuvre, un objet merveilleux, si vous pouviez voir ça. Eh bien, dit le gamin, le type a jamais détaché son bateau de l'appontement. Je crois pas qu'il l'ait utilisé une seule fois, dit-il. Pas de sens, beaucoup de beauté. (Si j'avais pu, j'aurais opté pour une manière d'être au monde de ce genre-là. Mais les choses se sont déroulées autrement.)

L'autre élément, c'est que *Mémoires sauvés du vent* fait rire, vraiment rire, et d'une façon que seuls ceux qui lisent des livres peuvent connaître : un rire intérieur. De l'extérieur, je pense que ça ne se voit pas du tout. Mais intérieurement on rit très fort. À bien y réfléchir, ça n'existe que dans la lecture. Je veux dire : quand on est avec les autres, c'est le contraire qui se produit, on rit ouvertement, même lorsqu'on ne s'amuse pas beaucoup, on le fait par gentillesse ou seulement par respect des usages, car on ne participe pas à un dîner pour passer son temps à rire intérieurement. Mais lorsqu'on lit, c'est ce qu'on fait, si l'auteur a du talent. Il doit être suffisamment spirituel, savoir vous faire rire intérieurement tout en veillant à s'arrêter un instant avant de vous faire éclater de rire pour de bon. C'est une technique, inventée par Dickens, je crois bien. Puis Salinger l'a portée à des hauteurs sublimes. Et, à sa façon, Proust n'était pas mauvais non plus. En Italie, Gadda en a été le meilleur spécialiste.

Parmi les vivants, on peut citer Vonnegut, car pour moi
Vonnegut n'est pas mort.

Je me suis un peu égaré. Je voulais juste dire que c'est
un livre empreint d'une légèreté magnifique et d'une
tristesse qui n'est jamais triste.

Mémoires sauvés du vent, de Richard BRAUTIGAN, traduit de l'anglais
(États-Unis) par Marc Chénetier, Christian Bourgois Éditeur, 1994.

11 décembre 2011

PIERRE HADOT

Exercices spirituels
et philosophie antique

Une amie qui ne se trompe jamais en matière d'essais m'a
obligé à l'acheter. Et, en effet, elle ne s'était pas trompée cette
fois-là non plus.

C'est vrai, le titre est sinistre. Moins la référence à
la philosophie antique (un domaine en soi tout à fait
fascinant) que celle aux « exercices spirituels », qui
convoque des souvenirs pas forcément joyeux. Mais
Hadot était un de ces vieux maîtres qui laissent leur
marque, et si je devais expliquer ce qu'est la philosophie, j'aurais du mal à trouver une meilleure idée que
de prendre ces pages et les lire lentement à voix haute.
J'imagine que des bataillons d'étudiants cesseraient
d'agoniser durant les heures de philo si seulement ils
mettaient le nez quelques instants là-dedans.
    Voici ce qu'ils comprendraient : à l'origine, la phi-
losophie servait moins à réfléchir et à accéder à la
connaissance qu'à vivre et à être heureux. Prenez cette
affirmation au pied de la lettre. C'était une pratique
quotidienne, il ne s'agissait pas de faire travailler le

cerveau. Je ne voudrais pas exagérer, mais c'était une discipline bien plus proche du yoga que de la logique. C'était un moyen de *guérir*, explique Hadot. Guérir du malheur, évidemment, une maladie que tout le monde connaît. Les stoïciens, les épicuriens, Socrate, Platon, Aristote : des gourous qui ne se contentaient pas d'enseigner des théories abstraites, mais qui désignaient surtout un chemin, un style de vie qui permette de se sortir indemne des pièges de l'existence. Aujourd'hui, nous les étudions dans les manuels scolaires en suivant les trajectoires de leur pensée, mais c'est une vision inadaptée qui met de côté la part la plus intéressante du problème, affirme Hadot. Car la pensée n'était qu'une composante d'un geste autrement plus sophistiqué que nous pourrions définir ainsi : tenter de trouver en soi un équilibre qui nous aide à nous défendre contre la douleur et la peur. La spéculation intellectuelle était importante, mais d'autres exercices qu'on pourrait bel et bien qualifier de « spirituels » l'étaient également, à travers eux chacun pouvait atteindre le seul type de solidité qui pût le sauver. Méditer, marcher, lire, faire son devoir, s'orienter dans la jungle des sentiments, écouter, cultiver des amitiés, dialoguer. Des exercices de l'âme, des exercices spirituels. Hadot cite une expression fulgurante de Plotin qui en dit long : ce qu'on doit faire, c'est *sculpter sa propre statue*. Il ne faut pas prendre cette formule au sens berlusconien (se hisser sur un piédestal, tel notre « Silvio national »), mais de façon plus subtile. On se rappellera que pour les Grecs la sculpture était l'art de la soustraction, l'habileté manuelle qui permet d'obtenir une figure à partir d'un bloc de pierre, en procédant par soustractions successives. C'est précisément ce qu'enseignaient ces si célèbres gourous : travailler sur soi-même, retirer au scalpel tout le faux et l'inutile qui nous enveloppent, et libérer ce que nous sommes en définitive, dans l'imperturbable solidité d'une existence magnifique. Alors nous serions véritablement des sages, c'est-à-dire pas ceux qui savent tout, mais ceux qui n'ont plus peur de rien. Qui sont guéris.

Puis Hadot explique comment on a fait de la philosophie une activité purement théorique et spéculative, et que ce n'est qu'à une époque récente (avec Nietzsche, Bergson et les existentialistes) qu'on est revenu à cette idée primordiale de la philosophie comme conversion, guérison et pratique de santé mentale. Et c'est un beau paysage, que je conseille à tous d'observer, mais que je mets de côté pour cette fois, car je voulais souligner un autre élément, qui me paraît fort précieux. Au début d'un des essais qui composent ce livre, Hadot met en exergue une citation qui devait lui être chère et qu'il a trouvée chez un sociologue français, Georges Friedmann. À l'évidence, s'il l'a placée à cet endroit, c'est parce qu'il devait juger qu'il nous fallait reprendre à notre compte quelque chose de l'antique leçon des philosophes grecs, telle une tâche reçue en héritage, la redécouverte d'une pratique. Il avait à l'esprit une certaine vision profane de cet exercice spirituel, quotidien, patient et bénéfique. Il devait juger que c'était fondamental pour quiconque voudrait vivre sur cette planète avec dignité. Afin de l'expliquer, il s'est servi des paroles de Friedmann. Je coupe à peine et je vous les livre ci-dessous, car elles le méritent :

« Chaque jour voler de ses propres ailes. Un instant au moins, qui peut être bref, à condition qu'il soit intense. Chaque jour un "exercice spirituel", seul ou en compagnie d'un homme qui lui aussi veut s'améliorer. Sortir de la durée. S'efforcer de dépouiller ses propres passions, ses vanités, le désir de bruit autour de son nom. Fuir la médisance. Abandonner la pitié et la haine. Aimer tous les hommes libres. Cet effort sur soi est nécessaire, cette ambition juste. »

Si vous lisez ces phrases à un barbare, il vous prendra pour un idiot, j'en suis bien conscient. Des exercices spiritueeeeeeels ?! Je sais. Mais le passage ne s'arrête pas là, il y a encore trois lignes, foudroyantes, précisément écrites pour le barbare et pas uniquement pour lui, aussi pour moi et pour tous ceux qui se consument dans le désir libidineux, certes légitime, de révolutionner le monde. Elles expliquent pourquoi, contre toute apparence, *cet effort sur soi est nécessaire, cette ambition juste.* Elles le font avec beaucoup de simplicité, en se contentant de rappeler une chose que nous avons complètement oubliée, tous ou presque, certains avec une désinvolture inacceptable. Friedmann les a écrites en 1977, d'où la référence qu'il fait à la politique. Mais, en les lisant, considérez le terme « politique » dans son acception la plus large. Elles disent ceci : « Nombreux sont ceux qui s'absorbent entièrement dans la politique militante, la préparation de la révolution sociale. Rares, très rares ceux qui, pour préparer la révolution, veulent s'en rendre dignes. »

Exercices spirituels et philosophie antique, de Pierre HADOT, nouvelle édition revue et augmentée, Albin Michel, 2002.

18 décembre 2011

PER OLOV ENQUIST

Le médecin personnel du roi

Je fouinais dans une librairie, quand le hasard et une quatrième de couverture bien troussée m'ont invité à poursuivre la lecture de cette histoire, que je n'ai plus jamais oubliée.

Tout eut réellement lieu, dans le petit royaume du Danemark et durant la seconde moitié du XVIIIe siècle. Le jeune roi, Christian VII, était manifestement fou, inapte à remplir avec la continuité nécessaire les tâches les plus élémentaires relevant du souverain. On chercha alors un médecin pour tenter de limiter les dégâts au moyen de quelque cure. Et on en trouva un, allemand, qui s'appelait Friedrich Struensee. Il était brillant, habile, et il avait grandi sous l'influence de la philosophie des Lumières. Convaincu que le terme *folie* était un résumé un peu hâtif pour décrire ce qui pouvait se passer dans le cerveau de tout homme et de celui-ci en particulier, il prit le roi par la main et l'aida à flotter de nouveau à la surface des choses, ce qui lui valut la confiance absolue de celui-ci. Et il ne lui fallut pas longtemps pour devenir l'amant de la reine, la personne la plus influente du royaume et l'homme qui, au Danemark, fut l'instigateur de la plus fulgurante et la plus incroyable révolution progressiste dont l'Histoire ait le souvenir. Deux ans plus tard, il fut jugé coupable du crime de lèse-majesté et décapité.

Voilà pour les faits. Ensuite, si on veut en faire un roman, il faut savoir les raconter.

Per Olov Enquist sait délicieusement raconter les histoires et, à mon avis, il est l'un des meilleurs spécialistes de cette forme d'artisanat qui consiste à distiller l'Histoire au sein des histoires. Il a aujourd'hui soixante et onze ans, il est suédois, connu pour son engagement politique, et s'il recevait un jour le prix Nobel de littérature, il ne faudrait pas s'en étonner. Son écriture est limpide, ses livres possèdent une structure claire et jamais banale, leur rythme est enchanteur, et ils ont parfois des accélérations de jeune homme. De temps en temps il s'emballe, mais le plus souvent il a raison de se laisser prendre par la main, ce que peu d'écrivains savent faire. Il a un timbre de voix dont je ne suis jamais vraiment parvenu à percer le secret : j'ai le sentiment que ça commence par une certaine froideur de compte rendu d'examen médical puis qu'il la réchauffe peu à peu au feu lent de sa stupeur. Le résultat est troublant : c'est comme entendre un notaire lire un testament, mais son propre testament, et dès lors sa voix devient plus chaude, chaque mot plus plein de sens, formant un tout inimitable – ordonné, mais inimitable. Il est une chose en particulier que je dois lui reconnaître, non sans envie : il a une façon déconcertante de vous saisir où que vous soyez et de vous lâcher au beau milieu de l'histoire qu'il raconte. Certes, ils sont nombreux à pouvoir le faire, mais il accomplit ce geste avec douceur, lui, en artisan modeste, si bien qu'on est pris au dépourvu. On se retrouve dedans jusqu'aux yeux, sans s'être aperçu que quelqu'un vous prenait dans sa main et vous déposait sur un échiquier dont vous ignoriez tout. Par conséquent, laissez-le jouer, et vous verrez que c'est avant tout un plaisir.

Le médecin personnel du roi est sans doute son livre le plus réussi, mais ce n'est pas pour cela que je l'ai aimé, assez pour en parler dans ces pages. Si je l'ai aimé, c'est parce qu'il contient une formidable leçon sur le siècle des Lumières (et donc, si je puis m'autoriser un conseil annexe, c'est de le lire en complément du livre de Berlin sur les racines du romantisme). Peut-être n'avais-je pas tout à fait compris la force utopique et la folie visionnaire qu'avaient les idées des Lumières avant qu'Enquist ne me raconte la fulgurante révolution danoise de Struensee, qu'il ne me montre de si près la réalité d'un pays qu'on retourne comme un gant en l'espace de quelques mois, au moyen d'une décharge électrique d'idéaux insensés de liberté, de rationalité et de nature : un spectacle sublime et grotesque. Une sorte de Mai 68 en porcelaine. Vous n'imaginez pas comment des centaines de pages que j'avais lues et comprises me sont revenues à l'esprit d'un coup, mais vivantes, au présent, et même plutôt urgentes. Une leçon, croyez-moi.

Et, comme dans tout bon livre il y a une page ou ne serait-ce que trois lignes qui vous restent à jamais dans un coin de la tête, dans *Le médecin personnel du roi* il y a un passage que j'ai déjà raconté cent fois et que je vais raconter une fois de plus ici, vous n'y couperez pas. Il s'agit d'un simple échange télégraphique, mais c'est souvent à ces détails qu'on juge un romancier. C'est une scène entre Struensee et la reine (elle s'appelait Caroline Mathilde, elle avait vingt ans, était anglaise et, en apparence, avait autant de charme et de personnalité qu'une aubergine. Mais c'était juste une apparence). Au début, ils se détestaient. Puis il se passe quelque chose. Parmi les nombreuses passions de Struensee, il y avait les promenades à cheval, et à un certain point, la reine remise ses airs hautains et lui accorde le privilège d'être son moniteur d'équitation. Ils choisissent pour elle un cheval docile et, dans le parc de Bernstorff à la beauté sans limites, Struensee la prend par la main et accepte de lui apprendre à monter. C'était l'homme qui parviendrait en l'espace de seize mois à transformer une monarchie obscurantiste en un paradis de liberté, d'égalité et d'innocente folie. Il savait choisir ses mots et livrer une synthèse du monde.

— La première règle, avait-il dit, est *la prudence*.
— Et la deuxième ?
— *Le courage.*

C'est tout. Je vous avais prévenu, c'est juste un court échange. Mais maintenant qu'il est à vous, appliquez-le à des choses moins surannées que l'équitation et je vous garantis qu'il vous sera incroyablement utile.

Le médecin personnel du roi, de Per OLOV ENQUIST, traduit du suédois par Marc de Gouvenain et Lena Grumbach, Actes Sud, 2000.

PAOLO VILLAGGIO

Tout Fantozzi☆

J'ai sauté sur l'occasion quand j'ai découvert que quelqu'un avait enfin décidé de republier les aventures du comptable le plus célèbre d'Italie.

Il ne faudrait pas exagérer, mais s'il existe une chose susceptible de s'appeler littérature italienne, ce livre en est partie intégrante. Écrire des livres extrêmement drôles est possible, mais cela ne conduit pas nécessairement à faire de la littérature. Paolo Villaggio, lui, y est parvenu, à cheval entre les années soixante-dix et quatre-vingt, et il mérite qu'on lui reconnaisse ce mérite avec l'enthousiasme qui convient. Avant, il y avait eu Guareschi, l'auteur de *Don Camillo*. Et, avant Guareschi, Achille Campanile. Voilà sans doute la colonne vertébrale de la littérature comique italienne.

Il ne faudrait pas exagérer, mais Fantozzi était génial, c'est indiscutable. J'ai plus d'une fois observé qu'on désamorçait son génie au moyen d'un éloge qui, à mes yeux, ressemble à un perfide coup de pied au derrière : on disait qu'il était le reflet idéal d'une certaine

Italie… En l'occurrence, mon regard est altéré par un préjugé auquel j'ai toujours été attaché : je ne crois pas qu'on fasse de la littérature pour refléter quelque réalité locale que ce soit, qu'il s'agisse d'un quartier ou d'un pays. Je ne pense pas que ce soient ses descriptions de Londres au XIXe siècle qui aient fait de Dickens un grand auteur, et quand je lis sur la quatrième de couverture qu'un roman contient l'admirable portrait d'une certaine réalité paysanne, je m'enfuis à toutes jambes. Je le fais avec le plus grand respect, mais je ne peux pas m'empêcher de croire que le geste de se servir de la littérature pour dépeindre un paysage, un village, une nation, n'est pas très éloigné de celui qui consiste à appeler Sherlock Holmes pour découvrir où sont cachés ces fichus ciseaux à ongles. Cherche-les, a-t-on envie de dire. Si le problème est de raconter l'Italie, un bon travail de journaliste suffit, a-t-on envie de dire. Laissez les livres, au sens le plus large du terme, s'occuper d'autre chose.

Paolo Villaggio, par exemple, s'occupait d'autre chose. *Fantozzi* reflète une certaine réalité italienne, mais surtout il la déforme magistralement, il la redessine avec un génie surréaliste. Au final, il la rend inutilisable et donc d'autant plus précieuse : c'est une vision. Il le fait en se servant d'une technique qui peut paraître banale de nos jours, tant elle a pénétré le sens de l'humour des Italiens, mais qui n'existait pas avant lui. Ou du moins personne ne l'avait-il portée à un tel sommet de minutie et de virtuosité. Villaggio employait une syntaxe basique, des phrases dépouillées, et il avait un aplomb britannique qui aurait rendu Chesterton jaloux. Le point de départ était donc d'une simplicité absolue, une prose aussi lisse que le visage de Buster Keaton. Dans ce tissu pauvre, à vrai dire, il faisait sauter des mines incroyables qui transformaient très rapidement l'ensemble en hyperbole et en vision. C'était une revanche sur la réalité, une revanche continue, foudroyante et jubilatoire. Le jeu consistait à l'envoyer paître en convoquant à sa place l'absurde, une opération que Villaggio était capable de mener à un rythme époustouflant. Parfois, il lui suffisait d'un nom. *Pier Ugo Serbelloni Mazzanti Vien dal Mare.* Il l'a fait. *Duc Pier Carlo Semenzara.* Il l'a fait. Et, au fond, le nom de sa femme aussi : *Pina.* Il l'a fait. Ce ne sont pas des noms, ce sont des montres de Dalí (toutes proportions gardées).

Il employait les adjectifs avec génie. « Tandis que Pina se déshabillait, il fut secoué par un léger haut-le-cœur habituel. » Retirez le mot *léger* et il vous restera une mauvaise scène de comédie. Mais ce *léger* y est et il ajoute une infime nuance d'atténuation qui, vous pouvez le constater, a un effet prodigieux. (C'est la même astuce que le classique : « "Je ne me sens pas très bien", dit-il avant de tomber dans les pommes. ») Parfois, il avait recours à des adjectifs si inattendus ou hors contexte qu'en couple avec les substantifs qui leur servaient de victimes ils ont fini par former une expression unique, absente de toute tradition lexicale et gravée dans la mémoire collective : le tragique *tissu sibérien*, le *frémissement sinistre*, le *pantalon ascensionnel.* Des noms, là aussi.

Il adorait les chiffres, car dans sa projection fantastique, la multiplication du réel était immédiate, pour ainsi dire scientifique. À mes yeux, l'absurde disposition des chambres de l'hôtel Italia-Sassolungo, « de confortables chambres à deux, quatre ou seize lits », demeure emblématique. Et, naturellement, on ne peut pas omettre le résultat du match de football entre quadragénaires (trente-huit à vingt-quatre) ni la durée des applaudissements après l'impérissable « D'après moi, *Le cuirassé Potemkine* est un sacré navet » (quatre-vingt-douze minutes). Avant qu'elles ne deviennent une chose sérieuse, il adorait aussi les listes, sans doute parce que, avec l'effacement de toute syntaxe, l'absurde explosait aussitôt, on n'avait même pas besoin d'allumer la mèche. Promenade à cheval : « Équipement Fracchia : bottes Première Guerre mondiale, gigantesques pantalons à la zouave hissés jusque sous les bras, casque colonial, veston croisé bleu communion solennelle et gants de violoniste. Équipement de Fantozzi : chaussures de montagne à clous modèle 1906, socquettes, bermuda de plage écossais, veste de smoking à queue de pie, casque allemand vestige de la guerre, gants de violoniste. » (Il n'y a pas de verbe, aucune mèche.) (Ah, je ne crois pas qu'il soit nécessaire d'expliquer pourquoi les *gants de violoniste* justifient à eux seuls l'achat du livre.)

Quel rapport avec l'Italie ? se demandera-t-on. Et à présent, peut-être voyez-vous mieux pourquoi ce n'est pas une question stupide. Villaggio ne racontait pas un pays (ou bien il le faisait, mais c'était un prétexte, un petit moteur pour lancer la machine). Il se servait de la langue italienne comme si elle avait été en caoutchouc, la poussant à des acrobaties lexicales que nous imiterions des milliers de fois par la suite. Il racontait, oui, mais quelque chose d'autre. Si un enfant venait me voir avec *Fantozzi* dans les mains (le livre, je veux dire) et s'il me demandait sans préambule : « De quoi ça parle ? », je ne saurais pas quoi lui répondre. De tristesse, dirais-je. Mais en nous faisant pleurer de rire, ajouterais-je sans doute. En ce sens, même si, techniquement parlant, la nouvelle qui constitue le chef-d'œuvre de Villaggio est d'après moi « Invitation à dîner », celle qui expose le mieux le cœur de la question est « Pina tombe amoureuse ». Elle commence par une pression de deux atmosphères dans la vessie et se termine par une diarrhée biblique. Entre les deux, tristesse. Une infinie, incorrigible, inévitable et bouleversante tristesse. Je doute que quiconque, doté d'un minimum de sensibilité, puisse arriver au bout sans avoir les larmes aux yeux. De quel type, ça, c'est plus difficile à dire.

Fantozzi totale, de Paolo Villaggio, Einaudi Stile Libero, 2010.

15 janvier 2012

ANTONIO PASCALE et LUCA RASTELLO

Démocratie :
que peuvent faire les écrivains ?[*]

Acheté malgré son titre, car ces deux-là m'avaient déjà intrigué
plus d'une fois par leur façon de penser si peu servile.

Ils avaient été invités à Turin dans le cadre de la Biennale Démocratie, Pascale et Rastello, et ils y sont allés. Il s'agissait naturellement de parler de la manière dont les intellectuels peuvent contribuer à la sauvegarde d'une forme de coexistence digne au sein de la société et, l'un après l'autre, c'est ce qu'ils ont fait. Ce petit livre en est le résultat. Il contient les textes de leurs interventions. À présent, je voudrais réussir à expliquer pourquoi il m'a fait l'effet d'une sorte de manifeste passionné et synthétique, au service d'une vision qui est aujourd'hui minoritaire, mais qui me tient à cœur et qui me semble extrêmement précieuse.

Tous deux disent qu'on n'en peut plus. On n'en peut plus, en particulier, de ces intellectuels qui s'agitent beaucoup non pas pour forger des principes et déchiffrer les faits, mais pour emballer magnifiquement des principes et des faits déjà tout prêts. Avant, ils cuisinaient des plats parfois ratés. Désormais, ils servent à table, et dans les assiettes on trouve ce qu'on trouve. Au mieux, expliquent Pascale et Rastello, les faits et les principes sur lesquels on se penche sont dépassés, mais au pire ils sont tout simplement faux : ce sont ceux que le public aime s'entendre répéter, ceux qui suscitent un vague consensus démocratique, ceux qui font grimper l'audimat, qui servent à apaiser les foules déchaînées ou à maintenir l'ordre dans certains segments du marché. On les avale tels des médicaments au sujet desquels il vaut mieux ne pas trop se poser de questions. Puis l'intelligence s'emploie brillamment à les redessiner, suivant des formats chaque fois plus convaincants et étonnants. Et ce serait ça, être un intellectuel : jouer les répétiteurs de génie. On se fonde sur une évidence, et en mélangeant bien la rhétorique, le récit et le brio intellectuel, on obtient un produit qui a l'air neuf, mais qui ne l'est pas. Succès garanti.

Les deux auteurs ne lésinent pas sur les exemples. Du théâtre citoyen aux émissions de télévision pleines de bons sentiments, de l'inutilité des festivals culturels à l'absurde mythe des aliments bio, tout le monde en prend pour son grade (moi aussi, me suis-je dit : il suffit de lire ce qu'ils disent de la manie de raconter des histoires). Somme toute, le meilleur exemple, c'est Antonio Pascale qui le donne, et je trouve délicieux qu'il s'agisse d'une situation autobiographique, dans laquelle c'est justement lui, l'écrivain-serveur pris en faute. Donc : on l'envoie à Rio, dans une favela, avec pour mission de décrire ce qui s'y passe. Il fait son travail et, à un certain point, tombe sur une scène magique, comme cela arrive parfois aux écrivains : il est hypnotisé par un détail, une petite image dans laquelle il déchiffre toute la réalité qu'il veut raconter, résumée en une seule icône. Ce fragment est un fil électrique qui court à ciel ouvert d'un poteau à l'autre. Reliés à ce fil, des dizaines d'autres volent de l'énergie et la transportent jusqu'aux baraques autour. Ce n'est guère plus qu'un fragment, mais quand on est écrivain, c'est exactement ce qu'on cherche. Reste à le raconter. Aussitôt dit, aussitôt fait : même le simple geste de regarder le ciel était souillé par cette toile d'araignée clandestine qui emprisonnait tout espoir.

De retour chez lui, Pascale est allé parler de son reportage un peu partout, et il ne lui a pas fallu longtemps pour comprendre que cette image gentiment poétique plaisait au public, qu'elle marquait les esprits et semblait la synthèse idéale de ce que les gens étaient disposés à penser d'une favela. Il lui parut donc légitime de s'en servir fréquemment et, chaque fois, il avait l'occasion d'en mesurer l'efficacité et de jouir du regard attendri des spectateurs. Jusqu'ici, pas de problème. Puis, un jour, Pascale va assister à la conférence d'un anthropologue américain sur les favelas (visiblement, il s'était pris de passion pour le sujet). À un certain moment, l'anthropologue montre une diapositive et Pascale se retrouve face à son poteau électrique, à la toile d'araignée et au ciel souillé. Ça alors, se dit-il. Et, tandis qu'il se le dit, l'anthropologue montre une autre diapositive, sur laquelle on voit la réponse à la question que Pascale ne s'est pas posée, à savoir *où finissent ces fils*. Sur la diapositive, on voit une petite fille qui fait ses devoirs, la nuit, après sa journée de travail : dans la lumière volée d'une ampoule clandestine, elle s'efforce d'arracher un futur à son destin. Quel idiot, songe Pascale. Et il ne parle pas de l'anthropologue.

Moralité : nous nous en tenons à une image poétique qui ne bouscule pas nos préjugés, mais nous sommes incapables de suivre le fil et d'aller voir ce qui se passe réellement à l'autre bout. Une belle image vaut plus qu'une image vraie, et un mot d'ordre banal mais magnifiquement mis en scène reçoit plus d'attention que l'exposition pure et simple de la réalité. Car l'exercice de l'intelligence et du goût, prérogative des intellectuels, se charge d'exprimer des idées prévisibles, mais s'efforce de plus en plus rarement de remonter jusqu'à une pensée inconfortable.

Nous aurions au contraire besoin de *gens qui mesurent*, affirment Pascale et Rastello. Nous aurions besoin de *précision*. Nous aurions besoin d'idées dérangeantes, c'est-à-dire brutes. Nous aurions besoin de disséquer, pas de raconter, de vérifier et non de répéter. Nous aurions besoin d'éventrer les fétiches et de changer les regards. Nous aurions besoin de gens qui donnent des noms, qui mentionnent des quantités, qui mettent dans la balance les effets et causes. Nous aurions besoin de gens qui travaillent dans l'ombre. D'érudits qui contredisent les préjugés et de chercheurs qui exposent les faits. Nous aurions besoin d'intellectuels qui descendent de leur piédestal et fassent leur travail. C'est ce qu'ils disent, tous les deux. Et ils le disent bien, je dois l'admettre.

Un jour, peut-être dans un lieu caché où nous n'aurions pas la tentation de susciter les applaudissements,
nous pourrions nous réunir et essayer de comprendre
s'ils ont, en plus, raison.

Democrazia : cosa può fare uno scrittore ?, d'Antonio Pascale et Luca
Rastello, Codice, 2011.

EDMOND et JULES DE GONCOURT

La femme au XVIIIe siècle

Au départ, je l'avais acheté pour en savoir un peu plus sur une époque qui me fascine. Puis j'ai fini par m'en servir comme d'un médicament.

Parfois, on trouve dans l'écriture une certaine forme d'élégance pure, dépourvue de génie mais riche de brio, qui invite le lecteur à partager une forme particulière de plaisir qu'on peut trouver vide, semblable au geste de passer son doigt sur une surface lisse ou à celui de regarder en position allongée une rivière qui s'écoule. Ce qui compte, ce n'est plus vraiment *ce qu'on lit*, c'est le plaisir délicatement physique suscité par la simple disposition de l'écriture dans l'espace, par la légèreté de ses mouvements, par le son cristallin qu'elle produit en rebondissant sur la plaque en marbre de notre attention. Dès lors, on ne lit plus vraiment pour apprendre ni même pour se distraire intelligemment : au fond on le fait pour permettre à cette prose de laver certaines fatigues personnelles, des échecs ou des défaites, et d'apaiser la brûlure, éliminant de la plaie toute impureté. C'est ainsi qu'on lit pour le seul plaisir de la lecture – et pour se sauver.

Je ne m'y attendais pas, mais ce livre des frères Goncourt vieux de cent trente ans m'a sauvé, il y a quelque temps; et aujourd'hui encore, quand certaines de mes failles se font désagréablement sentir, il m'arrive de le rouvrir et de me laisser soigner par des phrases comme celle-ci : « Petite fille gâtée, *enfant terrible**[1] d'un siècle où il fallait posséder beaucoup d'esprit pour en avoir assez, Mme la duchesse de Chaulnes en avait trop. » Voilà, je me sens déjà mieux. Il peut arriver, par exemple, que la modestie des choses que je fais (ou que les autres font) me paraisse vraiment insupportable, et je suis alors réconforté par la géométrie raffinée de phrases telles que celle-ci : « Il suffit de dire trois fois à une femme qu'elle est jolie, pour qu'elle vous remercie à la première fois, pour qu'elle vous croie à la seconde, et pour qu'à la troisième elle vous récompense » (il s'agit du XVIIIe siècle, naturellement : de nos jours c'est un peu différent). Parfois, une seule définition foudroyante me permet de retrouver un peu de joie, et je dois beaucoup, entre autres, à la ligne qui décrit deux femmes de l'aristocratie comme des « ennemies intimes ». Pour regagner de la légèreté, il n'est pas rare que parcourir la liste des élégants synonymes par lesquels le Paris d'autrefois aimait à désigner les *escort girls* de l'époque

---

1. Les mots en italique suivis d'un astérisque sont en français dans le texte.

fasse l'affaire : *fille du monde*, fille de joie*, demoiselle de bon ton*, courtisane*, femme de plaisir*, demi-castor*, fille de petite vertu**, etc. De la même façon, je ne puis oublier la pommade que furent plusieurs listes de noms que les Goncourt prennent soin de dresser avec une méticulosité libidineuse. Celle des voitures à cheval, par exemple : les *dormeuses**, les *vis-à-vis**, les *paresseuses**, les *cabriolets**, les *sabots**, les *gondoles**, les *berlines à cul de singe**, les *barrocci* et les *diables**. (Si vous jugez stupide qu'on puisse se consoler avec pareilles listes de noms merveilleusement évocateurs, sachez que vous avez tort ou que, peut-être, vous ne savez pas vraiment ce que sont les failles de l'âme, ni ce que valent les pommades censées les soigner. Et ce n'est pas tout. Je me permets d'ajouter que si vous ne connaissez pas une seule personne à qui il vous paraîtrait logique d'*offrir* des listes de ce genre en signe d'amour – avec la certitude qu'elle en serait ravie –, vous perdez vraiment quelque chose.)

Dans le livre des Goncourt, il faut le souligner, l'élégance de la prose et les mille subtilités d'une érudition si charmante vont de pair avec le sujet du livre, c'est-à-dire l'esthétisme effréné de tout un siècle. Contenant et contenu semblent être le produit d'une même main, et le plaisir qu'on en tire est donc complet. Et aussi, je dois le dire, plutôt instructif. En lisant ces pages, il m'est arrivé de penser à toutes les choses qu'en réalité nous ne devrions pas être en mesure de comprendre parce que nous ignorons ce qu'au juste elles décrivent. Pour ne citer que deux exemples, nous ne devrions rien comprendre ni aux livrets mozartiens de Da Ponte ni aux *Liaisons dangereuses* de Laclos. De fait, nous les comprenons tout de même, mais ce que les Goncourt nous enseignent en matière d'érotisme, d'éthique et de géographie sentimentale du XVIIIe resitue chaque note et chaque mot de ces chefs-d'œuvre dans leur contexte naturel, en donnant d'eux le plus souvent une définition que nous rêverions d'avoir écrite. Même la vie des personnages de cette époque y apparaît en définitive plus lisible. Je pensais par exemple à l'énigme que représentent les lettres de Mozart, si absurdement grivoises, et je songeais qu'il ne faudrait pas les découvrir avant d'avoir lu les Goncourt (après, elles semblent juste *à la mode** et donc modernes, un glissement génial typique de ce siècle). Et c'est ainsi que j'ai enfin saisi pourquoi Constance était en cure thermale pendant que son mari Wolfgang, le plus grand compositeur de l'histoire de la musique, luttait contre la mort. Je l'ai saisi en tombant sur une petite phrase dans le plus pur style des Goncourt qui m'a définitivement ouvert les yeux sur la façon dont, à cette époque, on envisageait ces questions : « Le mariage n'implique pas l'idée de l'amour, et c'est à peine s'il la comporte. » Vous le voyez, du haut de notre moralisme en verre dépoli, il est des choses que nous n'arrivons même pas à penser; or, les penser devient utile lorsqu'il s'agit de juger le comportement d'une femme de cette époque ou la valeur d'un opéra qui raconte la folle journée de deux couples échangistes (*Così fan tutte*, et le *e* de *tutte*, en lieu et place d'un *i* qui serait bien plus approprié, en dit long sur la misogynie de ce monde, qui fut toutefois, rappellent les frères Goncourt, le siècle où les femmes détinrent un pouvoir qu'elles n'avaient encore jamais eu jusque-là. Et qu'elles n'ont plus jamais détenu depuis, pourrions-nous légitimement ajouter.)

La femme au XVIIIe *siècle*, d'Edmond et Jules de GONCOURT, Flammarion, 1982.

29 janvier 2012

WILLIAM FAULKNER

Descends, Moïse

Un Faulkner et un Shakespeare par an. Tous les ans. Il faut bien se fixer quelques règles.

Je n'avais pas lu ce livre et il n'y a rien d'extraordinaire à cela, quand on connaît l'immense bibliographie de Faulkner. Je ne l'avais même jamais eu dans mon viseur, peut-être parce qu'il était dans l'ombre, perdu dans la lumière aveuglante de certains de ses autres chefs-d'œuvre. En lisant la postface, j'ai appris que Faulkner l'avait écrit au début des années quarante, alors qu'il était à court d'argent, rassemblant une série de nouvelles qu'il tenta de faire passer pour un roman. Mais l'éditeur ne se laissa pas abuser et intitula le recueil *Descends, Moïse (et autres histoires)*.

Parmi les « autres histoires », il en est une, intitulée « L'ours », qui représente à elle seule un tiers du livre. C'est pour elle que j'écris ces lignes. Il ne s'agit pas de dresser un des habituels classements, mais si on m'obligeait à tout abandonner et à ne conserver que dix livres à relire pendant le restant de mes jours, « L'ours » en ferait partie, pour me rappeler qu'on peut aussi raconter une histoire de cette manière absurde et illogique.

Si on veut résumer, on peut dire que Faulkner n'écrivait pas : il sculptait avec solennité des marmonnements qu'il s'adressait à lui-même. Il faut prendre le verbe sculpter au pied de la lettre : d'abord parce qu'il n'a travaillé qu'à des monuments et que la solennité était quasiment le seul registre dont il disposait (c'est l'un des trois grands écrivains américains d'inspiration biblique : avant lui, il y avait eu Melville, après lui il y a eu Cormac McCarthy). Et puis parce qu'il employait une langue étrange, qui n'appartenait qu'à lui, une langue de pierre. Même quand ses phrases sont rondes, elles donnent une impression d'effort et de percussion : elles ont des arêtes y compris lorsqu'elles sont lisses. Elles semblent toujours le produit d'un geste violent. Céline marmonnait, mais sa langue était de l'eau (et parfois du vin). Proust marmonnait aussi, mais la sienne était une nappe délicatement brodée (et toujours bien repassée). Faulkner, lui, travaillait la pierre. Cela confère à sa prose une dureté à laquelle on n'échappe pas, à ses monuments une âpreté somptueuse. Lorsqu'on le lit, il faut renoncer à toute idée de confort, et l'expérience qui consiste à remonter le cours de ses livres n'est généralement guère différente de l'ascension d'une paroi justement conçue pour que le sommet demeure inaccessible – peu importe de quelle montagne il s'agit. Souvent, les règles les plus élémentaires de bonne éducation littéraire sont foulées aux pieds : on ignore où on est, on ignore qui parle, on ignore comment s'appelle celui qui parle et on n'arrive pas à comprendre ce qu'il peut bien fabriquer. Et donc on lit, mais c'est comme de marcher dans le noir, entouré de voix sans visage et avec à l'esprit des paysages indéterminés. Cela justifierait amplement qu'on laisse tomber et, de fait, on le ferait sans regret si, de ces ténèbres solennelles, ne s'élevait une force qu'on avait oubliée, quelque chose de primitif, tel le mystère des choses avant que quelqu'un ne leur donne un nom : l'audace d'une aurore où tout était déjà inscrit.

C'est ainsi que « L'ours » est rédigé, et peut-être m'a-t-il enchanté plus encore que d'autres pages faulknériennes parce qu'il raconte précisément cette aurore, le parcours d'un homme qui la poursuit et l'amour, la férocité de cette chasse. L'histoire en elle-même est plutôt linéaire et, au fond, déjà connue : l'initiation d'un gamin que les grands entraînent à chasser un vieil ours invincible. Un récit très masculin (peu de femmes, toutes au second plan), alourdi par un propos favorable à la chasse qui paraît des plus discutables (« L'ours ou le cerf ont peur du lâche, l'homme courageux aussi », ce genre-là). Des animaux inoubliables et un machisme épique : Hemingway en aurait fait un petit texte au succès garanti. Faulkner, lui, en a fait une sorte de représentation sacrée, adorée sur l'autel d'une forêt impénétrable et enveloppée par l'encens de phrases comme celle-ci (et *phrases* n'est évidemment pas le terme adapté) : « Ce qu'ils disaient des hommes, ni blancs, ni noirs, ni rouges, mais des hommes, des chasseurs, avec la volonté et l'audace de souffrir, l'humilité et l'adresse de survivre, et des chiens, de l'ours et du cerf, juxtaposés et ressortant en relief sur ce fond, soumis et obligés, dans et par la brousse, à la lutte ancestrale et sans relâche conformément à des règles implacables qui rendaient vains tous les remords et ne toléraient point de quartier.» Soit. Disons que les Goncourt écrivaient autrement. Mais il ne faudrait pas croire qu'on doive entrer dans ce livre comme si c'était une représentation sacrée devant laquelle s'agenouiller et faire pénitence. Si c'était le cas, je n'en parlerais pas. Je le fais parce que c'est au contraire une aventure, qui plus est émouvante. On entre dans cette nouvelle comme le gamin entre dans la forêt, et on apprend à l'habiter comme il apprend, lui, les sons, les chemins et le mystère de cette forêt. Avec patience, en lisant peut-être lentement et à voix haute, vous vous retrouverez là, au milieu, et vous devinerez l'ours invisible dans la façon dont le picvert se tait peu à peu ou en reconnaissant son empreinte difforme sur la boue, si fraîche qu'elle se remplit d'eau sous vos yeux et se met à déborder. Il savait y faire, le vieux Faulkner, et cette histoire vous envoûtera comme peu d'autres avant elle, les odeurs, le froid, la peur. En la dévorant jusqu'au bout, vous découvrirez à un certain moment que personne ne saurait mieux la raconter que lui, et alors vous serez enfin face à l'Ours, c'est-à-dire tout près de ce marmonnement qui semblait illogique et qui, soudain, sera la seule langue que vous voudrez comprendre dans pareil instant. Je vous le garantis.

Descends, Moïse, de William FAULKNER, traduit de l'anglais (États-Unis) par René-Noël Raimbault, L'Imaginaire, Gallimard, 1991.

JAVIER CERCAS

Anatomie d'un instant

Je me souvenais de ce drôle de type armé d'un pistolet au beau milieu du Parlement espagnol. Je ne pouvais qu'être séduit par l'idée que Cercas eût choisi d'en parler.

Un livre génial, rien à dire. En théorie, c'est la reconstitution d'un événement dramatique de l'histoire espagnole récente, le coup d'État manqué du 23 février 1981. Mais comme c'est un écrivain qui se lance dans un tel exercice, on se retrouve sur un terrain miné, où la fiction se mêle dangereusement à la réalité et où beaucoup ont fait naufrage. Cercas possède un formidable talent, mais au début il s'est bel et bien perdu dans ce triangle des Bermudes : il a commencé par écrire un roman, il l'a terminé, puis il l'a jeté. Finalement il l'a repris. Il cherchait un équilibre entre fiction et réalité. Surtout, il cherchait une chose que les écrivains connaissent bien : un angle sous lequel observer les faits et qui n'existerait pas sans eux. Tant qu'on n'a pas inventé ce point de vue, on se fatigue pour rien, un bon journaliste ferait du meilleur travail. Et, pour autant que je sache, les écrivains qui ont effectivement trouvé une voix et un regard permettant de fixer la réalité historique des choses et de la révéler dans un récit inimitable, ces écrivains-là sont vraiment rares. Mais Javier Cercas possède un formidable talent, je l'ai dit, et il a fini par y arriver.

La bonne intuition lui est venue en visionnant inlassablement les images d'archives montrant les événements de cet après-midi-là. Si le cœur vous en dit, vous les trouverez sur YouTube. Le Parlement espagnol était en train de voter la confiance au nouveau chef du gouvernement, la démocratie était encore très jeune (cinq ans) et la fragilité politique du pays considérable. Les caméras filment paresseusement les débats. À un certain moment, on entend des cris, il se passe quelque chose, les travaux s'interrompent. Puis encore des cris et de l'agitation. Enfin la silhouette vaguement grotesque du lieutenant-colonel Antonio Tejero pénètre dans le cadre : il est en uniforme de la Guardia Civil, serre un pistolet dans son poing, sans élégance ni fierté, et monte les marches qui conduisent au fauteuil du Président, puis il se tourne vers l'assemblée et hurle à tous de ne pas bouger. De très longs instants de silence et d'immobilité s'écoulent ensuite, tel un curieux enchantement. On entend d'autres cris et, pour finir, des coups de feu, dont des rafales de mitraillette. De la poussière de plâtre vole, d'autres militaires font irruption dans l'hémicycle et, peu après, quelqu'un intime l'ordre aux parlementaires de se jeter au sol : alors, plus de trois cents hommes politiques, la classe dirigeante du pays dans sa totalité, se jettent à terre en inventant les façons les plus ridicules de disparaître derrière leurs pupitres. Ils disparaissent. Tous, sauf trois d'entre eux : Adolfo Suárez, l'ancien chef du gouvernement, le général Gutiérrez Mellado et Santiago Carrillo, le leader des communistes espagnols. Dans l'enceinte soudain vide, leurs silhouettes se dressent imperturbablement. Les trois hommes refusent tout simplement de se coucher au sol. Suárez demeure immobile, le dos appuyé contre le dossier, empreint d'une certain lassitude ou feignant l'indifférence. Carrillo fume sa cigarette. Quant au général Mellado, il va jusqu'à abandonner son pupitre pour venir faire face aux militaires, debout, la poitrine offerte à leurs armes et l'air méprisant.

Cercas explique que ces trois-là lui ont rappelé une phrase de Borges : « Tout destin, aussi long et compliqué soit-il, se résume au fond à un seul moment : le moment où l'homme apprend une fois pour toutes qui il est. » Et il s'est dit que ces trois-là, à cet instant-là, avaient appris une fois pour toutes qui ils étaient. Il n'était pas impressionné par l'audace apparente de leur geste – cette résistance face à la menace des armes – et n'appréciait aucun d'eux. Mais il était fasciné par l'idée qu'en pénétrant cet instant d'immobilité irrationnelle, il pourrait lire toute l'histoire de ces trois hommes dans une lumière parfaite, lire dans leur histoire la véritable histoire du coup d'État, et dans la véritable histoire du coup d'État toute celle de l'Espagne post-franquiste. Le point d'entrée – un instant – était minuscule, mais l'espace auquel il pouvait mener était, lui, infini. Il a deviné un jeu de miroirs qui promettait de merveilleuses découvertes et il a donc décidé de s'y risquer.

Dès lors, il s'est mis au travail, en se servant très peu de l'imagination et beaucoup de son envie de savoir. Il a lu tout ce qui existait sur le sujet et interviewé les témoins. Des recherches considérables et extrêmement minutieuses. Puis il a commencé à écrire. Pas un roman, mais un livre sans étiquette, dans lequel la main de l'écrivain semble n'apparaître qu'à travers le geste élégant de présenter les faits ou le retour cyclique de certains tics stylistiques. Par sa matière, c'est un livre d'analyse, de reconstitution, de recomposition des idées et des faits. Pourtant, on ne peut pas le lire sans songer à chaque instant qu'il est l'œuvre d'un écrivain, et cela – je l'ai compris un peu plus tard – parce que l'invention et la fiction ont beau être complètement bannies de ces pages, le point de départ est profondément littéraire : l'invention d'une perspective, la découverte d'un jeu de miroirs. Littéraire et imaginaire, car tout repose sur une phrase de Borges trop belle pour être vraie et sur une hypothèse purement fictive : l'idée que ces trois-là, immobiles dans l'hémicycle, n'aient pas été le produit de circonstances fortuites, mais un hiéroglyphe qui les racontait, eux, l'histoire qui leur arrivait, ainsi que la géographie politique et culturelle dans laquelle ils s'inscrivaient. Cela est pure invention. Mais tout le reste, non.

Ce mécanisme m'a fait réfléchir et m'a paru génialement nouveau. Le plus souvent, quand les écrivains s'attellent à peindre une certaine réalité sociale ou politique, ils ont tendance à se servir de la fiction pour intensifier les faits, pensant que c'est leur rôle : de cette manière, ils les dopent et, ce faisant, ils obtiennent dans

le meilleur des cas une plus grande intensité émotionnelle, parfois même une forme paradoxale de vérité.
Cercas, lui, fait le contraire. La seule chose qui est
imaginaire est ce qu'il assume, le point de vue, tout
le reste est exposition des faits. Et lui aussi acquiert en
définitive une étonnante prise sur la réalité, mais par
un chemin détourné que j'ai du mal à ne pas trouver
incroyablement plus juste et civilisé. Ainsi, bien qu'inimitable, ce livre est devenu un modèle, comme la lumineuse énonciation d'une certaine approche littéraire
des choses, respectueuse de la réalité et, néanmoins,
obstinément fidèle à l'imagination. (Songe donc à un
tel livre sur l'attentat de Piazza Fontana, me suis-je dit.
Et, d'une certaine manière, je me suis mis à l'attendre.)

Anatomie d'un instant, de Javier CERCAS, traduit de l'espagnol (Espagne)
par Élisabeth Beyer et Aleksandar Grujičić, Actes Sud, 2010.

MARC FUMAROLI

Les abeilles et les araignées

Alors même que je m'interrogeais sur les barbares, comment aurais-je pu ne pas acheter un livre qui porte un titre pareil ?

Comme vous le savez très certainement, les querelles entre intellectuels existent depuis toujours et, derrière leur élégance apparente, c'est un des sports les plus violents qui soient, des matchs disputés jusqu'au dernier souffle qui peuvent parfois durer des décennies. L'Histoire a conservé le souvenir de certaines parties formidablement intenses, dont l'une des plus cruelles se disputa en France, à la cour de Louis XIV, entre 1685 et 1715. D'un côté les Anciens, de l'autre les Modernes : voilà pour les équipes qui s'affrontaient. Sur le terrain, des joueurs qui s'appelaient Boileau, Racine, Lully, Perrault, Corneille et La Fontaine. Et qui s'en donnèrent à cœur joie. Du grand spectacle.

On pourrait résumer ainsi l'objet de la controverse : les Anciens prétendaient que l'Antiquité gréco-romaine avait représenté un sommet de la culture, sous les auspices duquel ils jugeaient nécessaire de se placer afin de garantir la permanence des valeurs de beauté, de moralité et de sagesse sans lesquelles il n'y a pas de civilisation ; les Modernes, eux, affirmaient qu'il fallait dépasser ces valeurs, convaincus que le présent contenait tout ce qui permettrait de forger une nouvelle civilisation digne de ce nom en matière de goût, de langage et de principes. Les premiers considéraient les pères comme l'autorité absolue, les seconds réclamaient le droit et la possibilité de devenir pères à leur tour. Aujourd'hui, une telle question ne vous semblera pas particulièrement originale, mais il faut se rappeler qu'à l'époque cette simple formulation avait quelque chose de génial, des deux côtés : le culte de l'Antiquité, qui est une évidence à nos yeux, ne l'avait nullement été pendant des siècles, on peut dire que c'était alors une invention relativement récente et tout à fait révolutionnaire. Quant à l'idée que le *nouveau* pût être une valeur en soi et la modernité une vertu, elle était inédite, c'était une conquête de la culture qui avait mis des siècles à éclore. Et donc, d'une certaine façon, c'étaient deux intuitions géniales, assez neuves et irréductiblement opposées, qui s'affrontaient. Je vous laisse imaginer la beauté du match. Si, à présent, on peut disputer une telle partie jusque sur de petits terrains de province, partout où un vieux professeur et un jeune de talent se rencontrent, c'est parce que ces gens-là, cette fois-là, *inventèrent* la discipline.

Vous vous demandez peut-être qui l'a emporté. Très simple : les Modernes. Ce dont nous sommes sûrs, c'est que l'avènement des Lumières consacra la victoire des Modernes, convertissant leurs revendications en réalité dominante. On peut même aller plus loin et émettre l'hypothèse selon laquelle la partie s'est rejouée plus tard, à cheval entre les xviiᵉ et xixᵉ siècles, quand les Anciens firent leur retour sur le terrain avec un nouveau nom (les romantiques) et une stratégie différente : la partie fut acharnée et, cette fois, les Anciens (les romantiques) prirent le dessus, ils l'emportèrent par au moins deux buts d'écart. Et tant que nous y sommes, allons jusqu'au bout. Ce match, nous sommes en train de le rejouer une troisième fois depuis quelques années, dans l'affrontement entre la civilisation romantique, toujours florissante, et les nouveaux barbares (Steve Jobs et compagnie) : les Anciens regroupés devant leur cage et les Modernes les bombardant de tirs. Si je prends le risque de simplifier, c'est pour vous faire comprendre qu'étudier l'histoire de la culture n'est pas seulement une manie de snob convalescent, mais surtout une façon de reconstituer la préhistoire de nos pensées, de nos questions et de nos réponses. C'est un voyage au fond de nous-mêmes.

Cela vaut la peine de l'accomplir, plus encore si l'on trouve un guide en mesure de nous faire remonter le cours de l'Histoire avec lucidité et clarté : avec *facilité*. C'est le cas de ce livre. Marc Fumaroli est académicien, il a quatre-vingt-deux ans et c'est un formidable maître, comme il y en avait autrefois. Érudition, élégance, style : il a tout pour fasciner. Avec une chose supplémentaire qui, pour moi, est irrésistible : il est du côté des Anciens. C'est un ultra du conservatisme, quelqu'un qui, s'il lisait *Les barbares* (ce qu'il ne fera jamais), me poursuivrait jusqu'au bout du monde afin de me botter le derrière. C'est le genre d'adversaire dont on rêve la nuit. Nous sommes désormais les enfants d'une civilisation dans laquelle le *nouveau* est une valeur à idolâtrer et la foi dans le progrès un principe intangible : par conséquent, dans cette incroyable partie jouée au XVIIᵉ siècle, nous sommes instinctivement dans le camp des Modernes. Lui non. Il reste merveilleusement dans le camp d'en face et, une fois de plus, je constate qu'on devrait toujours se faire raconter les batailles par les vaincus, si on veut vraiment les comprendre. C'est ce qui s'est passé quand j'ai lu Fumaroli : j'ai enfin compris que la querelle des Anciens et des Modernes n'avait rien de grotesque, pédants contre illuminés, mais que dans ce match les deux adversaires étaient géniaux, et je suis à présent convaincu qu'elle s'est terminée non pas sur un épilogue logique, mais sur un héroïque coup de force, dont je ne mesure tout à fait l'audace et l'astuce que maintenant. Je peux même aller jusqu'à admettre qu'avec cette victoire s'est mise en marche une épopée du modernisme qui nous a fait faire un tas de bêtises et aussi une chose parfaitement sensée : inventer le plaisir du futur. Et cela pourra sembler absurde, mais après avoir lu ce livre, je comprends mieux pourquoi les barbares remporteront le match qui se déroule aujourd'hui. Ils le gagneront tout en ayant tort, mais ils le gagneront : c'est là la force irrésistible de la jeunesse, du talent et de la folie.

« Les abeilles et les araignées », de Marc FUMAROLI, dans *La querelle des Anciens et des Modernes : XVIIᵉ-XVIIIᵉ siècles*, ouvrage collectif, Gallimard, 2001.

STEFAN ZWEIG

Magellan

Acheté parce que je n'arrivais pas à trouver un seul point commun entre un écrivain aussi mesuré que Zweig et un aventurier fou tel que Magellan.

Aujourd'hui, ça paraît difficile à croire, mais dans les années vingt et trente du siècle dernier, Stefan Zweig fut l'auteur de best-sellers planétaires (la planète était alors plus petite). Il était autrichien, juif, et avait grandi dans un milieu indiscutablement aisé. C'était le compagnon de route de gens tels que Richard Strauss, Freud et Schnitzler. Pacifiste convaincu, il passa la Première Guerre mondiale dans un bureau et, dès l'avènement du nazisme, il prit le chemin de l'exil sans faire trop de bruit. On ne se rappelle de sa part aucune prise de position spectaculaire : il continua à écrire ce qui lui plaisait et à fuir avec beaucoup de dignité. D'abord en Angleterre, puis aux États-Unis et enfin au Brésil. C'est là, à Petrópolis, qu'il mit fin à ses jours en 1942, à l'âge de soixante et un ans, alors que la catastrophe de la Seconde Guerre mondiale semblait inévitable. Si j'en crois Wikipédia (à qui je ne fais pas systématiquement confiance), il accompagna son geste de cette belle phrase : « Je pense qu'il vaut mieux conclure au bon moment et avec fierté une vie dans laquelle le travail intellectuel a été la plus pure des joies, et la liberté personnelle le bien le plus haut. » S'il l'avait vraiment prononcée ou même écrite, ce serait magnifique.

Je note tout ceci parce que ç'a à voir avec les raisons qui m'ont fait aimer ce livre. Je trouve émouvant qu'en 1936, confronté à la déferlante de la barbarie nazie, un intellectuel tel que Zweig, juif de surcroît, ait choisi de se consacrer à une *biographie de Magellan*. Je puis vous assurer que la vie du célèbre navigateur ne renfermait aucune signification particulière dans une telle époque : malgré sa beauté, rien en elle n'était susceptible d'évoquer l'horreur de ces années-là. C'était exactement ce que ç'avait l'air d'être : la pure joie du travail intellectuel. Et donc, en lisant son livre, je pensais au moment où cet homme l'avait cultivée, contre toute logique, alors qu'il aurait plutôt dû cultiver l'indignation et le refus de ce qui se produisait. Mais il préféra faire pousser cette petite plante exotique dont il prit le plus grand soin, et il crut manifestement que quelqu'un en cueillerait plus tard les fruits, allez savoir quand. Je peux à présent dire que c'est ce qui s'est passé, quelqu'un les a cueillis, moi au moins, dans ces quelques pages, mais aussi tous ceux qui ont lu ce livre et tous ceux qui le liront. Dans cette vision sobre du travail intellectuel, je reconnais une nuance que j'aime et qui fait que j'accepte mal les prêches, en général arrogants, de ceux qui considèrent forcément l'écriture

comme un geste de protestation, à la dimension politique et engagée. Je ne sais pas. Ça se discute. Parfois,
on plante sans se soucier de l'Histoire, désarmés jusqu'à
l'héroïsme, pour le seul plaisir de faire pousser quelque
chose qui, plus tard, sera récolté. J'estime que c'est une
manière non seulement légitime, mais même sublime
de voir les choses.

Et puis j'ai lu ce livre avec beaucoup de plaisir – bien
qu'il soit écrit d'une façon qui n'a rien d'inoubliable,
un style juste aimable et élégant –, car la vie de Magellan
est fantastique. Dans un monde où la distinction entre
vainqueurs et vaincus est devenue fondamentale, une
telle vie contribue à remettre les pendules à l'heure,
en rappelant que la ligne qui sépare gagner et perdre
n'est jamais aussi stupidement nette que les émissions
de télé-réalité veulent nous le laisser croire. Magellan
devint éternellement célèbre en prouvant qu'en effet
on pouvait rejoindre les Indes en naviguant vers l'ouest
(pas les pseudo-Indes de Christophe Colomb, non, les
vraies). Il fut le premier homme dans l'histoire de l'humanité à franchir la barrière des Amériques et à faire
le tour du globe, démontrant ainsi que la Terre était
bien ronde (à ce stade, on le savait déjà, mais personne
n'en avait encore fait l'expérience). Naturellement, il
faisait des hypothèses et connut parfois des échecs cin-
glants, prenant par exemple l'océan Pacifique pour
l'océan Indien. Mais cela ne l'empêcha pas d'accomplir un exploit, de sorte que, sur le papier, on devrait
le considérer comme un vainqueur. Mais son histoire
n'est pas si simple. Il était portugais, et pour faire le
voyage de ses rêves il dut trahir son roi et naviguer

pour les Espagnols, qui ne l'estimaient guère eux non plus, car par principe nul n'aime les traîtres. La route qu'il ouvrit était audacieuse, mais ce fut un exploit inutile, car elle était trop dangereuse, il fallait franchir le détroit qui porte aujourd'hui son nom et qu'il avait cherché avec une obstination délirante le long des côtes de la Patagonie : au lieu de risquer sa vie là-bas, on préférait tout charger sur son dos et passer par le Panamá. Il infligea des souffrances indicibles aux hommes qui participèrent à cette entreprise : les chiffres sont sans pitié, deux cent trente-quatre morts et dix-huit survivants, qui rentrèrent à Séville plus de deux ans après. Pour compléter le tableau, parmi les morts on compte Magellan lui-même. Il périt de façon stupide dans les Philippines actuelles, au cours d'une guerre absurde contre des indigènes alliés à un roi local, qui le massacrèrent sur une plage et dispersèrent ses restes. Depuis, de nombreuses rues portent son nom, mais aucune tombe.

À vous de me dire si un type comme ça est un gagnant ou un perdant.

Magellan, de Stefan ZWEIG, traduit de l'allemand par Alzir Hella, Grasset, 1985.

MARIO SCONCERTI

Histoire des idées du football☆

« *Il faut absolument que tu le lises* », *m'avait dit un ami avec qui je pourrais passer des heures à débattre des défauts du 4-3-3. Il avait raison.*

Voilà un livre que j'adorerais avoir écrit, si j'en avais été capable. Il ne s'agit pas de raconter l'histoire du football, mais les mutations qui, au fil du temps, ont affecté la manière dont on conçoit la tactique de jeu : il y a des règles, il y a un terrain et le reste est imagination, voyages de la pensée, hyperboles de la fantaisie. Comment en est-on venu à créer le libéro ? Et pourquoi, à partir d'un certain moment, tout le monde s'est-il mis à jouer en zone ? Mutations. Naturellement, la chose me fascinerait autant si je n'aimais pas le football, car tout sport est la représentation in vitro du jeu plus vaste qu'est la vie, et donc la possibilité d'étudier en laboratoire ce qu'il advient dans un jeu particulier a de bonnes chances de renvoyer à certains mouvements de la pensée au moyen desquels, époque après époque, nous avons tenté de donner un sens à la vie, à la planète et à l'humanité. Je ne plaisante pas et, pour vous le prouver, je vais prendre un exemple.

Pour illustrer ce que sont les barbares (dans l'acception que j'ai donnée à ce terme) et, en définitive, la mutation culturelle et anthropologique que nous subissons, je ne puis imaginer meilleur moyen que de visionner une courte vidéo expédiée un jour par un ami, qui savait que je m'intéressais à ces questions. Vous pouvez la trouver sur YouTube : c'est un résumé (en six minutes) du match entre les Pays-Bas et l'Uruguay qui s'est joué durant la Coupe du monde 1974, peut-être la première épiphanie officielle de ce qu'on appellerait plus tard le football total. Une leçon. Les Uruguayens étaient forts, ils jouaient dur et cognaient comme des sourds, pratiquant un football concret et efficace. Les Néerlandais, eux, virevoltaient à une vitesse inouïe et d'une façon incompréhensible, multipliant les talonnades, les absurdités en tout genre et les tirs dans les tribunes, un football comme on n'en avait encore jamais vu. Ils attaquaient le porteur du ballon à six ou sept (mus par une soudaine haine personnelle, eût-on dit), ne faisaient jamais plus d'une ou deux touches de balle (souvent une seule suffisait), fonçaient dans des zones du terrain où on aurait juré qu'ils étaient dehors, alignaient leur défense si haut qu'à un moment – presque émouvant – SEPT Uruguayens sont hors jeu, il faut voir la tête qu'ils font. Du grand spectacle. Le score, je ne me le rappelle pas (disons que ce ne sont pas les Uruguayens qui ont gagné), mais le choc primordial de deux cultures, l'une mourante et l'autre débordante de vie, est si lumineux qu'un enfant le comprendrait.

C'est exactement ce qui se passe aujourd'hui, autour de cet enfant, dans le monde qui est le nôtre.

Par conséquent, l'idée de passer en revue les mutations tactiques qu'a connues le football au cours de son histoire est d'une certaine manière géniale et sans nul doute instructive. Rien ne dit qu'il faille toujours en passer par Goethe, Adorno ou Freud pour comprendre les aventures de l'esprit. Le football aussi fonctionne très bien. Surtout quand il est raconté de façon compétente et agréable, ce que sait manifestement faire Sconcerti. Rien de particulièrement sophistiqué, mais un beau travelling des origines à la Coupe du monde 2006 en Allemagne, remportée par la Squadra Azzurra (l'équipe d'Italie) de Marcello Lippi. Inutile de préciser que c'est une irrésistible collection de souvenirs et d'anecdotes. J'ai découvert que le vrai nom de Nereo Rocco était Rock (sa famille venait de Vienne). Incroyable. Et je me suis rappelé avec plaisir qu'il entrait toujours sur le terrain vêtu d'une veste, d'une cravate, avec des chaussures à crampons aux pieds (parce qu'il y avait de la boue, disait-il. Parce qu'il voulait garder les pieds sur terre, dit Sconcerti). Avec le même plaisir, je me suis souvenu de Liedholm, l'homme tranquille qui importa en Italie le marquage en zone, brisant le dogme du marquage individuel (quand on lui demanda pourquoi il l'avait fait, il répondit que c'était pour ne pas devoir se rappeler chaque fois qui marquait qui). J'ai été bouleversé au souvenir de certaines expressions, remontées de profondeurs abyssales, qu'aujourd'hui plus personne ou presque n'utilise et qui ont une beauté que je ne saurais expliquer : *goal volant* (un participe présent !), *oriundi* (à l'étymologie mystérieuse et qui, dans mon esprit d'enfant, signifiait « artiste »), *stopper* (qui est manifestement une onomatopée, le bruit que fait un méchant coup sur le tibia). J'ai découvert des instants invisibles qui ont pourtant fait l'histoire du football. L'un d'eux est l'après-midi où Sacchi donna à Baresi une cassette vidéo afin qu'il étudie le jeu de Signorini, au centre de la défense de Parme (toutes proportions gardées, c'est un peu comme de donner à Proust un livre de Simenon afin de lui expliquer ce que c'est que raconter une histoire). Il y en a un autre que je ne connaissais pas : Sconcerti rapporte que, le samedi soir avant leur départ pour Lisbonne, un voyage dont personne ne rentrerait (car leur avion s'écrasa), les joueurs du grand Torino rencontrèrent ceux de l'Inter : en championnat, l'équipe ne s'en sortait pas très bien, et le président (le légendaire Ferruccio Novo) affirma haut et fort que s'ils perdaient ce match il ne serait pas question d'aller à Lisbonne. Le match se conclut sur le score de zéro à zéro et j'aimerais bien le revoir aujourd'hui, car il aurait suffi d'un rebond chanceux, d'une maladresse de la défense ou d'une erreur d'arbitrage, et ces joueurs auraient constitué le grand Torino pendant encore longtemps. Le football est fait d'épisodes, dit-on, et la vie aussi, doit-on en déduire. Ça m'a amusé d'entendre de nouveau parler d'Helenio Herrera (« Ce n'était pas le meilleur entraîneur, c'était le premier ») et de découvrir qu'il s'exprimait beaucoup hors du terrain, mais jamais, pas une fois, pendant la rencontre : on apprit par la suite qu'il était terriblement myope et que les matchs, en fait, il ne les voyait pas vraiment. Et, pour finir, j'ai trouvé, en cinq lignes (mes compliments à Sconcerti), ce que je ne parviens jamais à expliquer à mon fils quand il me demande qui est ce monsieur distingué à la télévision. Paolo Rossi, je réponds, un peu vexé. C'est qui? il me demande. Comment ça, c'est qui? Le *Mundial* espagnol, Pablito, enfin, tout ça! Mais il était bon? il me demande alors. Et là, je ne sais pas quoi répondre. J'ai ses buts de la Coupe du monde 1982 gravés en mémoire (mon Dieu, j'avais vingt-quatre ans), mais je ne sais pas les lui expliquer. Maintenant, je peux enfin le faire : « Paolo Rossi jouait beaucoup mieux quand il était jeune, c'était un ailier droit, rapide et plein de talent. Au centre de la surface de réparation, c'est comme s'il avait échangé tout ce talent contre un rythme de match qui lui convenait. On ne voyait rien, c'était un vrai désert. Devant le but, de la poussière montait, on entrevoyait une mêlée de corps, et si le ballon se retrouvait au fond des filets, c'était l'œuvre de Rossi. » Je vous jure que c'était exactement ça.

Storia delle idee del calcio, de Mario SCONCERTI, Baldini Castoldi Dalai, 2009.

WILLIAM GOLDMAN

Princess Bride

Comme je l'ai déjà dit, pour des raisons mystérieuses les scénaristes n'écrivent pas de bons livres. Mais voici une exception spectaculaire.

Je ne m'étais plus autant amusé depuis *Le monde selon Garp* (enfin, en lisant un livre, naturellement). Je ne savais pas qui c'était, Goldman, mais en réalité son nom aurait dû me dire quelque chose : on ne peut pas ne pas connaître un type qui a écrit des films tels que *Butch Cassidy et le Kid, Marathon Man* et *Misery*. Mais je n'avais pas retenu son nom, semblable à tant d'autres, c'est comme ça, et donc, dans la hâte qui précède la fermeture imminente de la librairie, quand il est tard et qu'ils vous poussent dehors, j'ai fini par choisir ce livre en me fiant aveuglément à Cristiano Cavina, l'écrivain italien qui l'a préfacé. Cavina explique que *Princess Bride* nous renvoie au charme des lectures d'enfance, les toutes premières, lorsqu'on ne sait pas encore à quoi s'attendre. On n'imagine pas qu'elles puissent faire cet effet-là : imaginer qu'on est l'un des Trois Mousquetaires ou souffrir le martyre tandis qu'un des personnages se meurt. Cavina explique aussi qu'il l'a lu du début à la fin en une journée (mais il vient de Romagne, lui). En somme, cela valait la peine d'y jeter un coup d'œil.

La première phrase, déjà, n'est pas mal : « De tous les livres du monde, celui-ci est mon préféré, même si je ne l'ai jamais lu. » Elle peut paraître absurde, mais je vous assure qu'après avoir lu le livre elle est parfaitement logique. Car il faut entrer dans la mécanique de ce roman délicieusement bizarre. Essayons de le résumer : Goldman fait mine de republier un livre que son père lui a lu dans son enfance et dont il est tombé éperdument amoureux. Un livre d'un certain Morgenstern. Mais comme ce livre, certes merveilleux, contenait aussi d'étranges divagations d'une longueur et d'un ennui insoutenables, il en donne une version élaguée, coupant les passages inutiles. Cela vous paraît compliqué ? En clair, Goldman écrit lui-même le livre qu'il aurait adoré connaître lorsqu'il avait dix ans, si son père le lui avait lu en sautant les parties assommantes.

Vous rappelez-vous comment vous étiez à l'âge de dix ans (si la réponse est non, quelque chose ne va pas, les amis !) ? À cet âge, qu'attendiez-vous d'un livre ? Exactement ce que vous trouverez dans *Princess Bride*, c'est-à-dire, selon les propres mots de l'auteur, « des duels à l'épée, des combats, de la torture, du poison, de l'amour sincère, de la haine, de la vengeance, des géants, des chasseurs, des hommes cruels, des hommes bons, des belles dames, des serpents, des araignées, de la douleur, la mort, des hommes courageux, des hommes lâches, des poursuites, des fuites, des mensonges, de la passion, des miracles ». Je peux confirmer qu'il y a tout cela, et la liste pourrait même être plus longue. J'ajoute que, sur le fond, il s'agit d'une histoire d'amour et d'aventures : elle, c'est la fille la plus belle du monde (et donc, logiquement, peu amène, pour employer un euphémisme), et lui, il l'aime par-dessus tout, avec une abnégation totale, aussi fort que dans un conte de fées. Pour donner une idée du type de rapports qu'ils entretiennent, il n'est pas inutile de citer un court dialogue qui apparaît peu après qu'il l'a sauvée, au terme de péripéties incroyables et de prouesses indicibles. En théorie, après tout cela elle devrait l'aimer pendant une dizaine de vies au moins, mais en réalité, quand le Méchant les capture (un Prince d'une noirceur inoubliable), elle ne met pas plus de vingt secondes à choisir celui-ci dans l'espoir d'avoir la vie sauve. Voici le dialogue :

Lui : Vous préférez vivre avec le Prince plutôt que mourir avec l'homme qui vous aime ?
Elle : Je préfère vivre plutôt que mourir, oui.
Lui : Nous parlions d'amour, madame.

Certes, ce n'est pas du Flaubert ni même du Philip Roth, c'est évident. En l'occurrence, nous sommes dans une zone de jeu qui ne mérite sans doute pas le nom de littérature, mais qui n'en est pas moins précieuse pour autant, car l'exercice consiste à faire renaître de façon posthume et apocryphe un type de littérature jeunesse devenu, moyennant un véritable tour de passe-passe, un plaisir d'adultes. Sur le papier, il n'y avait aucune chance que cela fonctionne. Mais j'ai dû donner raison à Cavina, et si je ne l'ai pas lu en un seul jour, je l'ai tout de même dévoré avec un immense plaisir, ce fichu bouquin, et je suis sûr que ça tient plus au talent de Goldman qu'à mon niveau à moi de décrépitude sénile. En vérité, le lecteur que je suis devenu n'a pas souvent l'occasion d'arriver à la fin d'un livre sans avoir rien appris au passage (la morale de l'histoire tient en une seule ligne et n'a rien d'une découverte : « La vie n'est pas juste. Elle est un peu plus digne que la mort, c'est tout »). Je ne sais pas pourquoi, mais désormais je ne termine plus que les livres qui m'apprennent quelque chose ou qui possèdent une langue que j'admire. Comme si je n'avais plus assez de temps pour le reste. Seulement grands maîtres ou voix uniques. Goldman n'est ni l'un ni l'autre, pourtant son humour, sa légèreté et sa vieillesse espiègle m'ont séduit sans effort, et je percevais dans mes jambes la facilité d'une descente agréable, une sensation que j'avais presque oubliée après des années passées à escalader des montagnes. Enfant, je ne savais pas marcher autrement que les yeux plongés dans un livre, et à présent je sais que, pour la lecture comme pour le reste, une règle implacable s'impose : on n'est au bon endroit que lorsqu'on n'a pas les éléments pour comprendre qu'on y est. Je le dis sans regret, il n'y a pas lieu de se plaindre. Ce n'est pas grave, mais c'est ainsi. Car la vie n'est pas juste. Elle est seulement un peu plus digne que la mort.

Princess Bride, de William GOLDMAN, traduit de l'anglais (États-Unis) par Jean-Pierre Pugi, J'ai Lu, 1988.

J. M. COETZEE

Disgrâce

Pourquoi l'ai-je acheté ? Aucune idée. Certes pas parce qu'il avait remporté une flopée de prix littéraires, comme le proclame la quatrième de couverture.

Et puis il y a ceux qui ont le don. Impossible de désigner autrement cette facilité d'écriture qui efface toute trace derrière elle et fait ainsi disparaître la main de l'artisan. L'équivalent en littérature de ce que Clint Eastwood fait au cinéma : lorsqu'il réalise un film, on oublie qu'il y a un réalisateur, comme s'il y avait un endroit, un seul, où poser la caméra, qu'il a su identifier avant de tourner chaque plan. Puisqu'on parle de don, de facilité et de main qui disparaît, Philip Roth, par exemple, le plus grand dans l'absolu, ne fait pas autre chose (certes, mais il aurait tout de même pu souffler de temps en temps et nous laisser un peu de répit : je dois encore digérer les aventures de Nathan Zuckerman, moi. Vraiment, il n'aurait pas pu se mettre au golf ?). Coetzee aussi est de cette trempe-là (non, je ne sais pas comment on prononce son nom). Comme

Roth, il sait poser la caméra au seul endroit qui convient et le fait presque à chaque phrase, obtenant au final une prose inéluctable et parfaite : le genre d'illusion que produisent les feuilles des arbres quand on les observe attentivement. Cette prose possède un avantage extraordinaire : en éliminant toutes les aspérités de l'écriture, elle réduit au minimum l'effort de lecture et permet au lecteur d'employer tous ses moyens pour réfléchir à ce qu'il lit, puisqu'il n'a aucun problème de compréhension. La pente est descendante, le sentier nettoyé, on peut donc s'intéresser au paysage. Et, dans les livres, le paysage, c'est l'intelligence de l'auteur.

En ce sens, Coetzee m'a toujours paru plus fort encore que Roth. Son intelligence est plus méchante, plus sarcastique, plus féroce. Et il est politiquement incorrect, d'une manière agaçante et brutale bien différente de celle de Roth, qui fait penser à des conversations de cocktail mondain à New York. Écoutez ça (*Disgrâce*, p. 102) : « L'amour saphique : une excuse pour prendre du poids. » Comment peut-on être si détestable et de façon si fulgurante ? Mais ce n'est pas toujours une question de méchanceté. Souvent, son intelligence est simplement impitoyable, mais aussi plus tranchante qu'on ne saurait le dire. Toujours dans *Disgrâce*, on trouve par exemple une réflexion (attribuée au personnage principal, comme la précédente) qui me paraît géniale, les trois lignes que voici : « À son avis, qu'il se garde bien d'exprimer en public, la parole trouve son origine dans le chant, et le chant est né du besoin de remplir de son l'âme humaine, trop vaste et plutôt vide. » Jamais il ne me serait venu à l'esprit qu'une part significative des souffrances de l'homme pût découler d'un problème de taille. Une âme trop vaste. Cette tragique erreur d'évaluation du Créateur au moment de la confection expliquerait bien des choses : nous flottons dans notre âme comme un enfant dans la combinaison de ski trop grande héritée de son grand frère. Sûr qu'après ça on sent un certain vide…

Dans *Disgrâce*, cette forme d'intelligence lancinante est appliquée à deux ou trois thèmes, mais il y en a surtout un qui m'a marqué : l'inadéquation de l'intel-lectuel. Dans le roman, le personnage principal est un universitaire, un humaniste raffiné, qui part se réfugier chez sa fille à la campagne, un monde qui n'a rien à voir avec sa vocation d'intellectuel citadin. Des paysans, des vétérinaires, des gens qui travaillent avec leurs mains, d'autres qui réparent des enclos. Et bien sûr, également des bandits, violents et primitifs. Qu'il s'agisse de réagir face à une agression sauvage ou de soigner un chien malade, le professeur se retrouve toujours inadapté, malgré toute sa culture il se sent inutile, disgracieuse-ment mal préparé. C'est un phénomène que je connais. Moi, il me suffit d'aller louer un canot à moteur ou d'acheter du fromage dans une ferme pour me retrou-ver face à des personnes qui possèdent un savoir des plus sophistiqués, auquel je ne peux qu'opposer une ignorance humiliante. D'un coup, ce sont eux qui savent vivre. Ils savent comment approcher d'un sommet, quel temps il fera demain, le nom des arbres, la dynamique des vents, la bonne façon de s'habiller, où s'asseoir et où non, comment ne pas se faire mal. Ils sont rustres, primaires, souvent ils n'ont jamais ouvert un livre de leur vie, et pourtant, au bout d'un moment on n'arrive plus à se défaire de la terrible sensation qu'ils savent trouver leur place dans le monde mieux que soi, voire mieux élever leurs enfants et, à la limite, mieux habiter leur âme trop vaste. C'est insupportable. Et moi, après tous les livres que j'ai lus ? Possible que je sois encore là, comme un crétin, à me faire expliquer comment il faut vivre ? C'est dans ces moments-là que je finis par me demander comme le professeur de Coetzee : mais qu'est-ce que je sais faire, moi ? Après tout ce que j'ai étudié et accompli, qu'est-ce que je sais vraiment faire ?

Que savent faire les intellectuels ?

Par exemple, je sais lire *L'infini* de Leopardi. Je veux dire que je sais vraiment le lire, je sais d'où lui vient sa beauté, je sais trouver le ton juste pour chaque mot, je sais pourquoi il est fait de cette façon, je connais sa musique par cœur et je sais avec précision ce qu'il énonce, ce qu'il narre. Il m'a fallu des années, j'ai travaillé dur, et maintenant je sais le lire parfaitement. Dès lors, la question est : à quoi bon ? Est-ce que ça sert à quelque chose ? Ne vaudrait-il pas mieux étudier les vents et le nom des arbres ?

Dans le prochain chapitre, je parlerai d'un livre de Christa Wolf. Et là, par exemple, on obtient une réponse. Une des meilleures que j'aie trouvées.

Disgrâce, de J. M. COETZEE, traduit de l'anglais (Afrique du Sud) par Catherine Lauga du Plessis, Seuil, 2002.

CHRISTA WOLF

Aucun lieu. Nulle part

Un livre qui porte un si beau titre, on l'achète. Un point, c'est tout.

Parfois, las du beau style des Anglo-Américains, toujours policé et insupportablement parfait, on revient à une certaine écriture européenne, bien moins élaborée, mais plus intrépide, ambitieuse et irrégulière. Certes, il faut avoir plus de patience et d'abnégation – peut-être aussi plus de culture et de goût –, mais ce sont souvent des retrouvailles glorieuses. *Aucun lieu. Nulle part* est, à mon avis, le chef-d'œuvre de Christa Wolf, n'en déplaise aux partisans de *Cassandre*. Quand je l'ai lu pour la première fois – dans une édition de poche, à une époque où Hemingway m'ennuyait –, j'étais assez jeune pour avoir le coup de foudre : ce fut une véritable épiphanie de découvrir ce que cette femme était parvenue à faire du marbre austère de son écriture, les courbes et les nuances que son scalpel avait su produire. Je n'avais encore jamais rien lu d'aussi glacialement tiède. Et tout était émouvant, sans cesser un seul instant d'être austère. Bien des années plus tard, quand j'en ai eu une nouvelle édition sous les yeux, je me rappelle que je l'ai ouverte avec crainte, car les amours de nos trente ans ont souvent une date de péremption, comme les yaourts. Pourtant, elle était toujours là, cette beauté inimitable, intacte et évidente, devenue encore plus précieuse maintenant que je savais à quelles questions ce livre répondait. En disant cela, je ne voudrais pas susciter de fausses attentes : c'est un livre difficile, pour des lecteurs avertis et des âmes tordues. Amateurs de thrillers et autres feignants, circulez.

Tout se passe dans un salon bourgeois, un après-midi de 1804 à Winkel, une petite ville au bord du Rhin – bien que « se passer » ne soit sans doute pas le verbe opportun, à moins de l'appliquer à des choses invisibles, à des micro-mouvements de l'âme, à des phrases à peine prononcées. D'autres diraient qu'il ne se passe rien.

Dans ce salon feutré, où les bonnes manières et une intelligence disciplinée sont la règle, le hasard a réuni deux âmes tourmentées, un homme et une femme, tous les deux jeunes, qui font scandale et sont une attraction pour cette société. L'homme reste dans un coin, les doigts serrant les bras de son fauteuil, les articulations blanches : un naufragé qui s'accroche. La femme possède une certaine beauté qui la place au centre de l'attention, ainsi qu'une intelligence qui est comme un tourbillon duquel les gens s'approchent par curiosité, puis s'éloignent par prudence. Ils ne se sont jamais vus auparavant. Dans ce salon, ils se rencontrent, mais il serait plus juste de dire qu'ils se *reconnaissent*. Leurs noms sont beaux : Kleist (lui) et Günderrode (elle).

Christa Wolf les a empruntés à l'Histoire : ce sont deux personnages qui ont existé, ils sont tous deux poètes et se sont tous les deux suicidés. Dans la réalité, il semblerait qu'ils ne se soient jamais croisés. Dans le livre, ils s'effleurent, et cela suffit à en faire deux aiguilles jumelles sur le cadran du monde, indiquant une heure déraisonnable et malade.

Si vous avez fait votre propre expérience de la souffrance que procure un excès de sensibilité, vous trouverez dans ce livre les mots qui l'expriment, avec délicatesse et férocité. Çà et là, des perles magnifiques. On y lit aussi la déclaration d'amour la plus élégante que j'aie jamais lue : « Je tenais à vous dire que ce serait assurément une chose tout à fait contre-nature si nous ne devenions pas de très proches amis, vous et moi. » Dès la première page, il y a une citation de Kleist, le vrai, qui m'a longtemps paru être tout ce que j'avais à dire de moi-même : « Je porte en moi un cœur, comme un pays du Nord la graine d'un fruit exotique. Il ne cesse de germer, sans jamais pouvoir mûrir » (à l'évidence, j'avais une trop haute idée de moi-même, j'étais jeune). Et, parmi tant de pensées incertaines, je me rappelle très bien cette phrase, unique, qui resplendissait d'assurance : « Si nous cessons d'espérer, ce que nous craignons arrive, c'est inévitable. » Des perles.

(Si vous avez lu le chapitre précédent, la réponse que Wolf donne à la question « Que savent faire les intellectuels ? » est la suivante : ils savent nommer les choses. Malgré ma déférente admiration pour les gens de montagne, dont je subis stupidement le charme, je n'arrive pas à oublier, par exemple, la curieuse circonstance qui fit que, pendant longtemps, les hauts sommets n'eurent pas de nom. Les gens de montagne, si savants, donnaient un nom aux collines et aux cols, car cela leur était utile, mais ils n'étaient pas encore parvenus à la sublime abstraction consistant à nommer des sommets sur lesquels ils n'étaient jamais montés, car cela ne servait à rien. C'est seulement quand certains furent poussés par le besoin irrationnel de grimper jusque là-haut, pour le seul plaisir de consacrer l'œuvre du Créateur, que les cimes eurent un nom. La même chose vaut pour la géographie invisible de la sensibilité humaine. Le propre des intellectuels, qu'ils soient poètes ou philosophes, c'est de grimper sur des sommets du vécu humain en apparence inutiles et de leur donner un nom. En l'occurrence, Heinrich von Kleist et Karoline von Günderrode nommèrent les sommets d'une douleur qu'ils avaient escaladée auparavant et qu'ils baptisèrent lorsqu'ils en furent dignes. Et leur lucidité est spectaculaire. Depuis, des millions de personnes peuvent lever les yeux du fond de la vallée et percevoir ces sommets comme s'ils leur appartenaient, du simple fait d'en connaître le nom, que leur a aimablement offert le travail épuisant d'autres plus audacieux qu'eux.)

Aucun lieu. Nulle part, de Christa WOLF, traduit de l'allemand par Alain Lance et Renate Lance-Otterbein, Stock, 1994.

DONALD KAGAN

La guerre du Péloponnèse☆

Après Thucydide, le meilleur livre pour se faire raconter la mère de toutes les guerres.

C'est bien connu, la manœuvre militaire la plus difficile à réaliser est celle qui consiste à battre en retraite : impossible ou presque de ne pas se planter. Dans la vaste retraite stratégique opérée par la civilisation du livre, assiégée par toutes sortes de barbares et par d'indéchiffrables bouleversements technologiques, il n'est pas rare qu'on reste stupéfait, certaines manœuvres laissant proprement interdit. Ce ne sont peut-être que des détails, mais je ne parviens pas à ne pas les remarquer. Récemment, par exemple, j'ai pu constater qu'on vendait *La Constitution d'Athènes* d'Aristote en kiosque au prix de un euro. Jusque-là, soit. Mais le fait est qu'il s'en est vendu quelque chose comme cent cinquante mille exemplaires. Si un tel chiffre vous enthousiasme, tant mieux pour vous. Mais pour ce qui me concerne, je préfère le dire : vendre *La Constitution d'Athènes* en kiosque au prix de un euro revient à s'installer dans une fête foraine avec un stradivarius et à le prêter pendant cinq minutes à quiconque voudra bien vous verser cette somme (la barbe à papa est plus chère). Peut-être se trouvera-t-il quelque amateur pour savourer ces cinq minutes de plaisir, mais pour tous les autres, moi compris, il ne s'agira naturellement que de tenir l'instrument dans ses mains. Et on aura échappé au pire si personne n'en joue comme d'une guitare. Quelle tristesse. Vous me direz : qu'y a-t-il de mal à cela ? Ma foi, je ne veux pas me lancer dans ce débat, mais ce que je sais avec une certitude instinctive, c'est que ce n'est pas la meilleure chose à faire. J'ai bien compris que nous vivions une ère de liquidation totale, mais qu'importe : je persiste à croire qu'il vaudrait mieux ne pas faire ce genre de choses, et si quelqu'un ne comprend pas pourquoi maintenant, il ne le comprendra jamais. Ce que je peux très bien faire, en revanche, c'est dédier ce chapitre aux cent cinquante mille acheteurs du livre.

La Grèce antique est un monde complexe et tout à fait fascinant. Du reste, on peut raisonnablement estimer que notre patrimoine génétique, en matière de politique et de culture, vient d'elle dans sa quasi-totalité. Comme toutes les choses complexes, ce monde exige de quiconque veut le comprendre une approche patiente et progressive. Puisqu'il faut bien commencer quelque part, je conseille aux volontaires de partir du livre de Donald Kagan qui, s'il coûte plus de un euro, raconte la guerre du Péloponnèse de manière sérieuse, compréhensible et passionnante. Athènes contre Sparte. Pendant vingt-sept ans. Deux visions politiques qui s'affrontent. L'enjeu, c'est la domination du monde grec. Plus qu'une guerre, LA guerre. Je crois qu'on peut légitimement dire que la grandeur d'Athènes à cette époque est indissolublement liée à ce choc militaire, qui en fut à la fois la cause et la conséquence. Si vous comprenez cette guerre, vous aurez fait un grand pas en avant.

Entre autres choses, elle vous aidera à situer dans son contexte n'importe quelle notion en matière de démocratie athénienne (ce qui est de la plus haute importance, puisque c'est de là que vient notre idée à nous de démocratie). Exprimé en termes plus simples : quand vous parlerez de « démocratie athénienne », vous saurez ce que vous dites. Dans ce livre, mille récits tous plus beaux les uns que les autres vous l'enseignent. Écoutez celui-ci (qui souligne magnifiquement une des faiblesses de toute démocratie). À un certain moment de la guerre, tandis que les Athéniens étaient affaiblis par une épidémie de peste qui avait décimé leurs rangs et qu'ils étaient franchement dans le pétrin, un de leurs alliés, la cité de Mytilène, sur l'île de Lesbos, passa du côté de Sparte. Ses habitants avaient de bonnes raisons de le faire et ils le firent. Bien qu'épuisés, les Athéniens comprirent que s'ils ne réagissaient pas, ils risquaient l'effet domino, une fuite généralisée qui minerait leur empire : ils rassemblèrent donc leurs forces, humaines et économiques, et partirent assiéger Mytilène. Les Spartiates, qui auraient dû voler au secours de la cité, se perdirent en chemin (ils n'étaient pas toujours aussi pimpants que dans le film *300*...). Mytilène tomba, Athènes reprit la ville. Et c'est là que vient le meilleur. Les Athéniens se réunirent en assemblée pour décider quoi faire des vaincus. C'était leur manière de gérer les affaires publiques, une méthode aussi délirante que géniale : ils convoquaient une assemblée et votaient, tous. C'était ça, la démocratie. Certes, il ne faut pas le prendre au pied de la lettre, rappelons qu'en disant *tous* ils voulaient parler de ceux qui étaient dignes de participer à l'assemblée, c'est-à-dire, soyons honnêtes, environ quinze pour cent de la population. Cela représentait tout de même de quinze à vingt mille personnes et c'était un spectacle incroyable. Vous imaginez ça, vingt mille personnes animées par la colère, la peur, l'enthousiasme, l'excitation, qui débattent de la peine à infliger à la cité traîtresse ? Dans ces conditions, on ne s'étonnera pas de la décision qu'ils prirent : tuer tous les hommes adultes et vendre les autres, les vieillards, les femmes et les enfants, comme esclaves. Du nettoyage ethnique. Ils débattirent, votèrent, puis allèrent se coucher. Un navire partit pour Mytilène afin d'y porter la terrible nouvelle (la poste n'existait pas encore). Mais, le lendemain, remis de leur gueule de bois, ils se demandèrent si l'assemblée avait pris la bonne décision. Ils convoquèrent alors une nouvelle réunion (surprise) et reprirent la discussion. À froid, les excès verbaux des démagogues de service parurent moins convaincants et la sobre opinion des plus modérés sembla plus sensée. On décida donc de réviser le verdict et de ne condamner à mort que les responsables directs de la trahison (quelques centaines d'hommes, tout de même, qui furent exécutés sans procès), épargnant la vie des autres. Le problème, c'est que le navire était en pleine mer, avec sa tragique nouvelle. Alors (re-surprise), on envoya un second navire porteur du contrordre. Il avait un jour de retard sur le premier et on donna aux rameurs des vivres en abondance, on leur garantit une prime s'ils réussissaient à rejoindre l'autre.

À présent, imaginez ces deux bateaux l'un derrière l'autre dans le silence de la mer, entre Athènes et l'île de Lesbos, et dites-moi si vous connaissez un meilleur moyen de représenter la conscience morale vacillante de toute démocratie. (Non, je ne vous dirai pas qui est arrivé le premier à Mytilène. Levez-vous, allez jusqu'à une librairie, dépensez plus de un euro en achetant le livre et vous le saurez. Ou cherchez sur Google, s'il ne vous reste pas un gramme de poésie.)

The Outbreak of the Peloponnesian War, de Donald KAGAN, Cornell University Press, 1969.

FRED VARGAS

L'homme aux cercles bleus
L'homme à l'envers
Pars vite et reviens tard

Mais au fond, n'importe quel livre de Fred Vargas fait l'affaire,
pour peu que le commissaire Adamsberg en soit le héros.

Je ne suis pas amateur de romans policiers et je déteste les thrillers. Je le dis sereinement, sans aucune fierté particulière. Simplement, ce n'est pas ma tasse de thé. Ça me met physiquement mal à l'aise de me retrouver dans la situation, chère à beaucoup, de devoir dévorer un livre pour savoir comment il se termine. Je trouve déjà assez inélégant que les livres se « terminent », alors vous pouvez imaginer ce que cela me fait d'être maintenu sur des charbons ardents par quelqu'un qui a attendu cinq cents pages avant de me révéler qui a trucidé le curé. Je dois également avouer que c'est une prouesse que je suis incapable de goûter : faire arriver un lecteur à la fin d'un thriller, c'est comme de faire avaler tout un tube de Pringles à quelqu'un qui a faim. Tu parles d'un exploit. Faites-lui engloutir une assiette de brocolis au petit déjeuner et on en reparlera.

De façon générale, je crois que la raison pour laquelle

on continue à lire un livre, une fois commencé, ne devrait pas être le désir d'arriver quelque part, mais au contraire l'envie de rester à cet endroit-là. Je n'ai pas lu *L'attrape-cœur* ou *Cent ans de solitude* pour connaître la fin : j'étais heureux de rester le plus longtemps possible au milieu de cette lumière, cette légèreté, cette justesse ou cette folie. L'écriture est un paysage, elle ne va nulle part. Elle est là, un point, c'est tout. La respirer : voilà ce qu'on peut faire. Et l'histoire, me direz-vous, l'histoire ne compte-t-elle pas ? De grâce : bien sûr qu'elle compte, les livres qui ne racontent rien, on s'en est heureusement débarrassé il y a des années, pas question de revenir en arrière. Mais imaginez-vous assis dans un fauteuil à bascule, en train d'admirer le paysage, dans l'air pur du matin. À présent, cessez de vous balancer l'espace de quelques secondes. C'est différent, n'est-ce pas ? Dans un bon livre, la trame est le balancement du fauteuil. C'est le vent qui agite les brins d'herbe de ce pré, le flux de nuages dont l'ombre passe de temps en temps sur les couleurs. Peut-être un vol d'oiseaux, et dans certains cas le bruit d'un train qui passe au loin. L'histoire, c'est ce qui bouge dans le paysage de l'écriture et qui le rend vivant. C'est la surface de l'eau à peine ridée : une chose si importante que, de façon imprécise, on appelle ça *la mer*.

Vous comprenez donc qu'aux yeux de quelqu'un qui voit les choses ainsi les thrillers sont une sorte d'affront. Et, quand ils sont écrits avec les pieds, une offense. J'ai juste un peu de sympathie pour ceux qui se perdent en cours de route : ceux qui s'attardent sur le chemin conduisant au nom de l'assassin, qui vagabondent et enregistrent une part de ce qui les entoure. Tel un chasseur qui se laisse distraire et observe la campagne ou les buissons de mûres. Dans le domaine de la littérature policière, Maigret est un exemple classique : j'adore la façon dont, au lieu de chercher le coupable, il se contente de l'*attendre* en reconstituant simplement le monde autour de lui. Et donc, je lis et je suis à Paris, je hume l'odeur des loges de concierge, j'effleure les draps défaits, je sirote un verre d'armagnac et je fais face au vent sur le sommet d'un pont : page après page, l'identité du coupable m'indiffère de plus en plus (c'est parfois la même chose pour Maigret lui-même). Si je vais au bout, c'est seulement parce qu'il me reste un vague désir de rassembler les pièces du puzzle, par scrupule, comme on redresse un tableau qui pencherait. C'est tout.

Je l'ai dit, si vous êtes un auteur de polars, ne comptez pas trop sur mon argent.

Dès lors, reste à comprendre comment j'en suis venu à parler de Fred Vargas, ici, dans ce chapitre. La réponse la plus simple : elle écrit tellement bien. Je peux tranquillement oublier l'intrigue, dont je m'aperçois qu'elle *pourrait* couper le souffle, et jouir du paysage : ces dialogues parfaits, cet humour élégant, ces adjectifs choisis avec soin, le rythme de la phrase, l'absence complète de solutions banales. Chandler aussi me faisait cet effet-là : je ne l'ai lu que pour son humour inégalable, pour son climat fumeux et brutal. L'intrigue, je n'y ai jamais rien compris. Je lis les livres de Fred Vargas parce que j'oublie que ce sont des thrillers, tant ils sont bien écrits. Et, dans le « bien-écrire », je mets aussi une capacité à créer des personnages et à les animer que je ne puis qu'envier. Je veux dire : qu'est-ce que c'est que cet Adamsberg ? Sa façon d'aimer Camille, ses deux montres, sa méchanceté intermittente. Un type dont la réponse favorite est : « Je ne sais pas trop. » J'adore cet art du temps mort, la façon dont il arrache des parenthèses de vide à ses journées : quand on est capable de ce vide, on sait aussi s'en servir, comme c'est son cas. Et son adjoint, Danglard ? J'en ai rêvé pendant des années, et je l'ai trouvé ici, j'étais sûr qu'il existait quelque part. Ce n'est pas tant à cause de ses cinq enfants, des litres de blanc qu'il siffle ou parce que tout grand personnage a besoin d'un partenaire : c'est sa manière de savoir les choses, toutes, n'importe lesquelles et à tout moment. Naturellement, c'est irréel, mais à quoi servent les livres, sinon à corriger le réel ? Et le lieutenant Retancourt, la grosse bonne femme qui peut *tout* faire ? J'entrerais dans la police, rien que pour connaître quelqu'un comme elle. Je ne sais pas, mais il me semble que Fred Vargas déniche ses personnages dans une zone de l'imagination qui renferme une version corrigée de la réalité, et qu'en les livrant à la page elle nous venge de la modestie de nos journées. Je ne saurais comment appeler un tel exercice (littérature ?), mais je suis heureux qu'il existe, que quelqu'un le pratique si bien et que je puisse le savourer quand j'en ai vraiment soupé du reste (une belle expression que je viens de sauver de l'extinction).

L'homme aux cercles bleus (1991), *L'homme à l'envers* (1999) et *Pars vite et reviens tard* (2001), de Fred VARGAS, Éditions Viviane Hamy.

REBECCA WEST

La famille Aubrey
Cette nuit même☆
Cousine Rosamund☆

*Acheté parce que la couverture était belle, les angles arrondis
et le papier inhabituellement élégant.*

Je ne voudrais pas susciter trop d'attentes, mais il se trouve que je n'ai rien lu de mieux ces dix dernières années. Ce sont les trois tomes d'une seule et même saga familiale qui, dans l'esprit de Rebecca West, devait couvrir une bonne partie du xxᵉ siècle. Au total, quelque chose comme mille deux cents pages (ma foi, vous n'êtes pas obligés d'acheter les trois volumes d'un coup). Beaucoup d'Angleterre, un peu d'Écosse et d'Irlande. Deux sœurs pianistes célèbres, un père en fuite, un frère incorrigible, les cheveux de Rosamund, les innombrables heures passées au Dog & Duck, l'inoubliable M. Morpurgo et leur destin glorieux, comme dirait Rebecca West.

J'ignorais tout d'elle. Aujourd'hui encore, elle est peu connue en Angleterre. C'est une amie de Virginia Woolf, vous dira-t-on, et c'est tout. Je me demande encore pourquoi on ne dit pas le contraire : Virginia Woolf ? C'était une amie de Rebecca West.

De ces trois volumes, West n'eut le temps de faire paraître que le premier, dans les années cinquante. Elle continua à travailler au deuxième et au troisième pendant le reste de sa vie, tout en se consacrant à d'autres activités et en recherchant, c'est évident, une perfection qu'elle ne trouvait pas. Ils furent publiés à titre posthume dans les années quatre-vingt : sans clameur particulière, me semble-t-il.

Peut-être ne devrait-on jamais écrire sur ce qu'on a beaucoup aimé, car il n'en naît jamais rien de bon. Toutefois, ce chapitre, je le dois à Rebecca West (on ne peut pas exclure complètement qu'elle me lise, là où elle se trouve à présent) et je vais donc essayer d'expliquer ce qui s'est passé, avec la certitude d'échouer.

Comme je ne savais pas que c'était une trilogie, j'ai commencé par le deuxième volume, *Cette nuit même*. Je me rappelle parfaitement les premières pages, qui me parurent d'un ennui colossal. J'avais rarement lu quelque chose qui avance si lentement. Mais elle ne le faisait pas de façon forcée ou virtuose, c'était très naturel. Simplement, l'écriture de cette femme avait ce rythme-là, on ne pouvait rien y faire. Souvent, je lisais en pensant à autre chose. Je tournais la page et je me souvenais à peine de ce que je venais de lire. Pourtant, *je tournais la page*. Pourquoi diable ne cessais-je pas ? Il y avait bien une raison immédiatement perceptible : dans le lent écoulement de ce fleuve, passait de temps en temps un bateau. Une phrase, une comparaison, une observation minuscule, la justesse d'une couleur, la précision millimétrée d'un adjectif. Et, malgré leur rareté, nul bateau ne passait sans se révéler tout à fait mémorable (en particulier les comparaisons, qui laissent bouche bée).

Je suis donc resté là pendant quelque temps, à attendre patiemment le passage des barques. Puis, page après page, sans m'en apercevoir, j'ai commencé à comprendre le fleuve. Ç'a continué ainsi, et à la fin il est arrivé quelque chose, car soudain *j'étais* dans ce fleuve. Il n'y avait plus cette lenteur, mais un certain battement de cœur implacablement juste. Ce qui, avant, m'avait fait l'effet d'une épuisante collection de détails inutiles me semblait à présent constituer un recensement correct des choses, le moindre des hommages qu'on puisse rendre au fait miraculeux d'être au monde. Après, ç'a été facile. Ç'aurait même pu ne jamais se terminer.

J'ai donc navigué pendant mille deux cents pages et, à présent, je devrais expliquer pourquoi j'ai trouvé ce voyage *poignant* (un adjectif que je croyais mort et enterré depuis des décennies, mais sur le moment je n'en vois pas d'autre pour résumer l'ambiance de ce fleuve, l'angle de ce regard, le ton de cette voix, la lumière). Je ne sais pas, je pense avoir été ébloui par le calme avec lequel cette femme pouvait décomposer une sensation, un regard, un sentiment. Le calme silencieux, ai-je envie de dire. Il y a les invisibles nuances de l'existence, cette simplicité de l'existence que seuls les livres savent dire. Mais ce qui compte vraiment, c'est le ton qu'ils emploient. Je ne connaissais pas celui de Rebecca West et sans doute était-ce celui que j'avais envie d'entendre à ce moment-là. On n'est pas toujours prêt à sentir le souffle de Céline sur son cou ni à s'écorcher sans cesse les doigts face à la virtuosité proustienne. Il y a aussi des périodes où on ne veut pas rire aux répliques de Salinger et où l'énième superlatif de Conrad vous donne la nausée. West (que je n'ai aucun mal à placer parmi les plus grands) avait une façon de disséquer les êtres humains qui me rappelle la sage prudence avec laquelle on dispose des fleurs dans un vase. Elle semblait consigner les vérités des vivants comme si elles constituaient un élégant mobilier dans la fausseté de la vie. Elle n'avait pas l'air de vouloir résoudre ni révéler quoi que ce soit : elle voulait réorganiser les choses l'une à côté de l'autre, d'une manière qui témoigne de leur vocation à faire sens et à produire une certaine forme de beauté. Ce faisant, elle ne donnait jamais l'impression de réaliser quoi que ce soit de particulier, ni d'attendre une réaction admirative. Elle disposait ses fleurs tout en parlant d'autre chose. J'ai rarement croisé un exercice d'intelligence à ce point dénué de violence. Ainsi, dans la lumière d'éclats très lents, j'ai trouvé beaucoup de choses que je n'aurais pas su voir seul, apprenant une sérénité qui, d'ordinaire, ne me ressemble pas et un plaisir que je ne saurais transmettre. Je l'ai fait avec la lenteur qu'elle a fixée et, aujourd'hui, je lui en suis reconnaissant, car pour finir je l'ai apprise et il n'est pas rare qu'elle me revienne en mémoire, que j'y habite quelque temps : ce qui est pour moi la source d'une joie passagère, mais forte, un vrai délice. Je me remets à lire au hasard, en passant les doigts sur les angles arrondis des pages, et je ne suis jamais déçu. Au point que je suis parfois un peu désolé d'en parler aujourd'hui à des gens que je ne rencontrerai jamais. Ou peut-être que si, d'une façon souterraine et indéfinissable, nageant tous dans le même fleuve.

La famille Aubrey (traduit de l'anglais par Anne Marcel, Autrement, 1996), *This Real Night* (Macmillan, 1984) et *Cousin Rosamund* (Macmillan, 1985), de Rebecca WEST.

LAWRENCE OSBORNE

Bangkok Days☆

« C'est comment, Bangkok ? avais-je demandé à un ami qui
y avait passé quelque temps. — Lis ça », m'a-t-il répondu.

Curieux livre. Ce n'est pas un roman, pas un reportage non plus.

Il m'a rappelé l'esprit des *flâneurs** du XIXᵉ siècle et la
littérature qu'il a produite : les chroniques d'un égare-
ment, sans aucun but manifeste. Ici, l'anomalie est que
le *flâneur** se perde (ou qu'il se trouve, ce qui revient
au même) non sur un boulevard parisien ou dans un
jardin public viennois, mais dans cette sorte de merveilleux chaos postmoderne qu'est Bangkok. J'ignore si
vous y êtes déjà allés, moi oui, j'y ai passé deux jours il y
a des années. J'en suis revenu avec la vague impression
que si, au lieu de procéder à une création méthodique,
Dieu s'était contenté d'éternuer sur la Terre, il aurait
donné naissance à Bangkok. Mais, bien sûr, je n'avais
rien compris.

À l'en croire, Osborne y a échoué pour une histoire de dents. Il devait se les faire soigner à New York,

mais c'était trop cher. À Bangkok, il s'en tirerait avec quatre cents dollars. « L'Occident n'était pas dans mes moyens. » Naturellement, je connais des dizaines d'autres solutions à ce problème, mais lui jugea que la plus sensée était de s'installer dans une mégalopole où dix millions d'êtres humains mijotent, dotés d'une langue, d'une écriture et d'une vision de l'existence qu'il serait insuffisant de définir hors de notre portée. Mais, en définitive, c'est lui qui avait raison : un banal paiement échelonné et, peut-être, quelques petits boulots supplémentaires ne l'auraient pas conduit à plonger dans le grand chaudron thaï pour, ensuite, en ressortir passablement sain, avec entre les mains un de ces livres qu'il est beau de lire et qu'il eût été magnifique d'écrire.

Il faut préciser qu'il ne se risque pas vraiment à tenter de l'expliquer, Bangkok : les mystères ne s'expliquent pas, ils se célèbrent. Et il n'avait pas non plus envie de faire une sorte de guide de la ville à l'intention des cinglés qui veulent la visiter. Ce qu'il avait en tête, c'était sans doute de ne rien faire ou presque, pendant longtemps : laisser la ville couler sur lui, en racontant ensuite comment ça s'était passé. Sur place, il a découvert qu'il y avait beaucoup d'autres Occidentaux occupés à la même chose, chacun à sa façon. Pour la plupart, ils avaient atterri là une fois leurs réserves de bonne volonté épuisées ou leurs illusions perdues, afin d'y mourir ou de disparaître de façon spectaculaire. Ou, disons, avec au moins un peu de joie. Sans trop se poser de questions, Osborne les a pris pour guides : les suivre tandis qu'ils grappillent un peu de vie parmi les ruelles de cette cité du vice et dans les plis de leur propre désastre intime est un voyage au bout de la nuit étonnamment moins littéraire et plus vrai qu'on ne pourrait s'y attendre. Si vous êtes du genre à sympathiser avec les autres et que vous vous retrouvez au chevet d'un Anglais grand amateur de putes, seul comme un chien mais entouré d'infirmières à qui il peut commander du champagne et autre chose aussi, dans un hôpital thaï où on soigne son corps délabré, alors le lieu où vous vous trouvez ne peut manquer de vous intriguer. Certaines barrières morales tombent et votre conception de la dignité en prend un vilain coup. Osborne le montre avec talent, mais sans en faire une bataille idéologique ni aucune autre sorte de bataille, consignant simplement sa sympathie et son étonnement face aux détours inattendus par lesquels les pires gens deviennent meilleurs. Il le fait, c'est à noter, au moyen d'une écriture vive mais pas quelconque, à laquelle l'air étouffant de Bangkok a retiré tout maniérisme, mais pas le souvenir de ce qu'est le style. Par exemple, c'est un homme qui, devant un groupe de sémillantes touristes scandinaves, peut dire une chose comme : « Elles parlaient si fort que leurs silences semblaient bruyants. »

Vous, je ne sais pas, mais moi, certains de ces personnages, je les croise dans les navettes qui me conduisent à la piste de décollage où m'attend un vol transocéanique : leur vulgarité, leurs destinations exotiques qui relèvent clairement du tourisme sexuel, leurs manières de maîtres du monde, leur certitude mal dissimulée d'être les plus malins. Je n'ai pas honte de dire qu'instinctivement je les méprise. Je ne pense pas que ce soit du moralisme primaire, je l'exclus même. C'est juste que, dans la mesure où tout homme a le droit intangible de mourir vivant et non déjà mort, je n'aime pas ceux qui remplacent le geste de semer et de récolter par le pillage pur et simple. Mais je dois dire qu'Osborne a un talent fou pour retourner certaines convictions. L'idée que de nombreux Occidentaux aillent là-bas afin de devenir vieux, dans un monde où les jeunes ne cesseront de les toucher, est une vision qui frappe. À un certain point, il écrit : « Le fait est qu'ils ont échoué dans un endroit où ils sont libres de vivre cette virilité absolue et non diluée que les hétérosexuels ignorent le plus souvent. » Comme je l'ai dit, il ne le fait pas avec l'enthousiasme d'un combat idéologique, dont il se fiche du reste éperdument, il tient à montrer qu'il y a des gens dont la vie est finie et qui, là-bas, ont la chance de pouvoir disparaître aux yeux des autres et aux leurs, ou d'utiliser leur corps à d'autres fins que subir des coloscopies, et de vivre au cœur d'une énigme stupéfiante qui leur offre chaque jour quelque chose à déchiffrer, de se sentir libérés de toute honte, ne serait-ce qu'à cause de la chaleur terrible ou du sourire qu'avait cette fille sur la moto en se retournant. Car c'est vous qu'elle regardait, solitaire *y fatal.*

Bangkok Days, de Lawrence OSBORNE, North Point Press, 2009.

GIANNI CLERICI

Suzanne Lenglen, la diva du tennis

Cela faisait des années que je me demandais ce que cette marionnette vêtue de blanc pouvait bien avoir de mythique. Maintenant, je sais.

Suzanne Lenglen (1899-1938), je savais à peine qui c'était. Mais je me souvenais de ces incroyables photos qui la montraient en lévitation, telle une ballerine : fendant l'air à cinquante centimètres du sol ou bien dressée dans le ciel, les jambes tel un compas pris de folie. Certes, elle empoignait une raquette aisément reconnaissable, mais jamais elle ne paraissait jouer au tennis pour de bon : on aurait plutôt dit une danseuse étoile dans une chorégraphie des Ballets russes, mais au beau milieu d'un tournoi de tennis, curieusement. Sa tenue improbable ajoutait à l'absurdité de la scène : cette femme d'âge indéterminé qui flottait dans les airs était couverte d'un large chapeau de cérémonie, vêtue d'une longue jupe plissée et souvent d'un gilet, ainsi que de bas blancs d'infirmière, le genre de tenue qu'on imagine plutôt, dans les années trente, sur le dos d'une jeune femme poussant le fauteuil roulant d'un riche invalide auquel ses enfants ont trouvé une excellente clinique sur la Côte d'Azur. À présent, je sais qu'elle débordait ses adversaires à coups de passing-shots et qu'elle allait cueillir dans les cieux des smashs rageurs. À l'époque, c'était incroyable. Et l'effet était plutôt comique, il faut bien le dire. Il y avait aussi cette raquette à la main, sorte de filet de pêche qui, avec les bas blancs d'infirmière et cette manière de fendre joyeusement l'air, produisait une irrésistible impression du type Martine à la ferme hurlant : Je l'ai ! Je l'ai !, qui n'aidait pas à comprendre pourquoi, au lieu d'en rire, tout le monde était en adoration devant ces photos.

Car c'était la plus grande joueuse de tennis du monde, désormais je le sais. (Ce doit être un peu comme les gens qui voient des photos de Maria Callas pour la première fois sans savoir qui elle était : peut-être dans un tragique costume d'Anne Boleyn, adoptant des poses mélodramatiques, ou encore en léger excès de poids – allez donc deviner qu'elle débordait ses adversaires à coups de vibratos ou qu'elle cueillait dans le ciel des aigus qu'après on regretterait à jamais.) Pour qu'on se comprenne, songez qu'elle jouait si bien qu'à un moment les Français envisagèrent sérieusement de l'aligner en Coupe Davis aux côtés des hommes (le règlement le permettait). Elle jugea l'idée plutôt « baroque », un qualificatif si élégant qu'on aurait bien du mal à trouver mieux. Il semble qu'elle ait possédé un talent sans égal, mais naturellement elle ne serait arrivée nulle part sans l'autre vertu indispensable des champions : une féroce nécessité de gagner. Elle détestait perdre et ne perdait jamais, même pas au ping-pong. Sur les photos et les rares images d'archives dont on dispose, on ne saisit pas vraiment en quoi consistait son jeu inimitable, mais ce n'est rien comparé à l'imagination qu'il faut avoir en réserve pour comprendre comment elle a pu être à l'époque une sorte de sex-symbol ou, du moins, un modèle de grâce et de séduction. Entre deux tournois, elle dévorait un certain nombre d'hommes, qu'elle arrachait parfois à leurs très dignes épouses légitimes. À en juger par les traits de son visage, on peut exclure qu'il se fût agi d'une question de beauté, sans doute possédait-elle un charme, un charisme hors norme. Elle était d'ailleurs la première à estimer que les vêtements dans lesquels les femmes jouaient au tennis pouvaient avoir une autre fonction que celle de dissimuler leur corps. Elle entrait sur le court en manteau de fourrure, par exemple, et n'hésitait pas à jouer avec la longueur des jupes ou des manches, titillant ainsi les spectateurs bien-pensants de l'époque. Sans compter qu'avec ces entrechats aériens, ces postures de danseuse de french cancan, elle révélait des paysages dont personne avant elle n'avait jamais songé qu'ils puissent intéresser les amateurs de tennis. (En examinant ces photos, je m'interroge : comment une civilisation peut-elle passer en moins de cent ans des jupes sous le genou de Suzanne Lenglen aux bodys de Serena Williams ? Est-ce un phénomène qu'on doit aux conquêtes du féminisme ou, au contraire, à la persistance du machisme ? Mais encore : est-il raisonnable de penser qu'une fois de retour chez eux ces individus-ci et ceux-là font les mêmes choses dans le secret de leur chambre ? Des questions qu'on aurait vivement intérêt à se poser.) La diva Lenglen était capricieuse, arrogante, têtue et vaniteuse : c'était la vedette idéale. Elle avait même ces problèmes de santé qui font transpirer les organisateurs de tournoi et valaient à ses adversaires le discutable privilège de se faire écraser par une femme qui était manifestement à l'agonie à chaque changement de côté. Comme tout vrai numéro un, elle était poursuivie par une meute hurlante de numéros deux affamés : elle les humilia pendant de nombreuses années, puis, au bon moment et avec un grand sens de l'opportunité, elle les planta là et passa professionnelle, c'est-à-dire qu'elle préféra les exhibitions surpayées. Et donc, a priori, on peut supposer qu'elle ne dut jamais être heureuse, ce qui est le corollaire de tout grand talent, c'est bien connu.

Si je sais tout cela, c'est parce que le journaliste Gianni Clerici l'a écrit dans ce livre. En plus d'être le meilleur spécialiste de ce sport à l'échelle mondiale (il doit se sentir bien seul, tout là-haut), c'est également un auteur talentueux, élégant et mesuré. Il a rédigé cet ouvrage avec un soin qui n'est jamais obséquieux et juste ce qu'il faut d'ironie, dans une prose qui ne fait pas de quartier, mêlant son savoir, les témoignages des autres et sa propre imagination. Aucune faute directe et, de temps en temps, de magnifiques passings le long de la ligne. Superbe match.

Suzanne Lenglen, la diva du tennis, de Gianni CLERICI, traduit de l'italien par Nathalie Castagné, Rochevignes, 1984.

GIUSEPPE TOMASI DI LAMPEDUSA

Le guépard

On relit certains livres parce que ce sont des classiques. Mais quand on va jusqu'à les racheter, alors c'est une maladie.

Parmi les satisfactions qu'il y a à atteindre un certain âge, on ne devrait pas oublier le privilège de pouvoir relire les livres après avoir eu le temps de les oublier, ce qui permet de ne pas se sentir complètement idiot. Pour moi, *Le guépard*, c'est la troisième fois, et en toute sincérité, celle d'avant je ne me rappelais pas *tout à fait* comment le livre se terminait (c'est sans doute une question d'âge là aussi, mais qui influe d'une autre façon). Je ne l'aurais pas relu si son éditeur Feltrinelli n'avait décidé en 2005, à l'occasion de son cinquantième anniversaire, de republier plusieurs livres légendaires en tirage limité, *vintage* (couverture originale et format de poche) : l'un d'eux, petit et orange, était précisément le meilleur et unique roman écrit par Giuseppe Tomasi di Lampedusa. Acheté et dévoré en deux jours. On raconte que l'auteur, lui, mit deux ans à l'écrire, peu avant d'atteindre la soixantaine et sans avoir exercé le métier d'écrivain auparavant. En 1958, quand son livre parut, il n'était déjà plus là pour s'en réjouir, car une mort aussi rapide que prématurée l'avait arraché aux joies de ce monde. Son destin eût été moins cruel si Elio Vittorini, qui avait lu le manuscrit pour le compte des Éditions Einaudi, n'avait jugé préférable de ne pas le publier, devenant ainsi, en plus d'un tas d'autres choses tout à fait honorables, l'auteur du double exploit qui consiste à avoir refusé *Le guépard* ET *La paie du samedi* de Beppe Fenoglio, de sorte que ces deux livres (deux!) devinrent des chefs-d'œuvre posthumes. Et à l'époque, il n'avait même pas de contrôleur de gestion pour lui demander des comptes!

Depuis, bien des années ont passé, mais *Le guépard* apparaît toujours comme un livre touché par la grâce. Difficile de parvenir du premier coup à écrire magnifiquement une histoire extraordinaire qui renferme toute l'histoire d'un pays. Réussir deux de ces trois prouesses est déjà un exploit. Et, si cela ne suffisait pas, il faut ajouter que *Le guépard* eut aussi des effets sur la société, car à sa parution il pulvérisa les chiffres de ventes habituels de la petite Italie et marqua le début d'une nouvelle ère, caractérisée par un élargissement du public de lecteurs dont, des années après, nous avons cueilli les fruits et subi les inévitables excès. Pour dire les choses plus simplement, en se vendant prodigieusement bien il redistribua les cartes et, depuis, tout est plus compliqué, mais aussi fascinant.

Une de ces nouvelles complications concerne l'italien en tant que langue littéraire. Aujourd'hui encore,

Le guépard constitue une formidable leçon en la matière. Même le plus limité des lecteurs barbares n'aurait qu'à l'ouvrir pour comprendre qu'après ça il s'est passé quelque chose. Qu'est devenue cette langue raffinée, précise, infiniment riche et sensuelle, à la fois physique et élégante? En lisant Gadda, on se dit qu'il était bon. En lisant Calvino, on se dit qu'on est nul. Mais quand on lit *Le guépard*, on se dit : quelle belle langue, l'italien. Rien ne pourra jamais enlever à ce livre sa capacité magique à incarner non pas le talent d'un écrivain, mais celui d'une langue et d'une certaine civilisation littéraire. Je crois que ç'a à voir avec son absence de virtuosité, son naturel, sa normalité. Il n'y a là aucun exploit spectaculaire, seulement le recours au potentiel d'un lexique flamboyant, dans le respect d'une certaine harmonie rythmique constitutive, auquel s'ajoutent le plaisir de chaque son précieux et l'ambition de ne jamais renoncer au plus haut degré de justesse possible. Je n'ai pas envie de citer des exemples, car ce ne serait guère convaincant, il faut le lire pour comprendre, mais dès la dixième ligne, lorsqu'on cesse de dire le rosaire dans la maison, on trouve l'épiphanie d'une phrase telle que celle-ci : « À présent, la voix s'était tue, tout rentrait dans l'ordre, dans le désordre, habituel. » (Quand diable avons-nous renoncé à cette syntaxe parfaite? Et pourquoi?) Trente pages plus loin, le Prince rentre chez lui après une visite de santé à sa maîtresse habituelle, une prostituée de confiance, et il fait le chemin dans la nuit, habité par un état d'âme instable, qu'apaise sa conversation avec le père Pirrone, son accompagnateur, en vertu d'une symétrie morale guère évidente. Eh bien : « Don Fabrizio l'écoutait à peine, plongé dans une sérénité assouvie maculée de répugnance. » (Quand diable avons-nous cessé de penser que *maculée* était légèrement différent, parfois plus précis et dans tous les cas plus musical que *tachée*?) Mais, comme je le disais, il faut le lire pour comprendre.

Soyons clairs : aujourd'hui, il serait ridicule d'écrire comme Tomasi di Lampedusa. Je tiens aussi à souligner combien l'imitation grotesque de cette élégance naturelle a produit pendant longtemps dans notre pays une sorte de canon que la meilleure fiction littéraire de ces dernières années s'est chargée avec succès de mettre en pièces. Cela dit, je sais que *Le guépard* nous aide à nous rappeler trois choses auxquelles nous ne devons pas renoncer, me semble-t-il. D'abord, que l'italien est une langue magnifique et qu'il serait donc bon, quand on écrit, de la transmettre dans sa totalité, sans trop se complaire dans la facilité que représente l'utilisation des dialectes. Ensuite, qu'écrire des livres est une chose et parler en est une autre ; si je devais mieux m'expliquer, je dirais qu'à travers l'écriture littéraire une langue nationale devient adulte, alors que dans le langage parlé elle retombe en enfance (deux expériences du reste fondamentales). Enfin, que si on retire à l'écriture des livres l'ambition d'habiter une langue pleinement et somptueusement – en maîtres, en experts, en explorateurs –, on abîme son profil au point que toute personne suffisamment éveillée et patiente sera alors capable d'écrire un livre. Ce qui n'est pas une conquête de la civilisation, comme on veut trop souvent le croire, j'espère qu'il n'est pas nécessaire que j'explique ici pourquoi.

Le guépard, de Giuseppe Tomasi Di LAMPEDUSA, traduit de l'italien par Jean-Paul Manganaro, nouvelle édition, Seuil, 2007.

6 mai 2012

YASUNARI KAWABATA

Les belles endormies

*De temps en temps, quand j'ai un peu de patience en réserve,
j'achète un Kawabata et je m'offre le luxe de le lire.*

Une histoire magnifique. Si vous avez des doutes,
écoutez ça : García Márquez, l'homme qui, sur cette
planète, a le plus grand nombre d'histoires dans la
tête, n'a pas résisté à la tentation d'en faire un remake
(comme si Lady Gaga vous volait une jupe qui lui plaît
beaucoup). Certes, il était peut-être un peu vieux et fatigué (j'adore les écrivains lorsqu'ils sont devenus vieux
et fatigués), mais le fait est qu'au lieu de piocher dans
son répertoire illimité il s'est intéressé à ce petit livre et
qu'il l'a réécrit à sa manière, à la sauce Caraïbes. Puis
il l'a intitulé *Mémoires de mes putains tristes*, ce livre, et
il suffit de comparer les deux titres, le sien et celui de
Kawabata, pour comprendre que l'océan Pacifique ne
sépare pas la Colombie du Japon en vain.
    Une histoire magnifique, au point qu'elle constitue
pour certains le plus beau récit érotique de la littérature mondiale (ma foi, après *Lolita*, bien sûr). Je ne

117

saurais en juger, je ne suis pas un expert en la matière, mais ce qui est sûr, c'est que Kawabata avait en tête une partie mémorable lorsque, avec son exténuante méticulosité, il disposa les pièces de l'histoire sur l'échiquier : il dut la concevoir au bout d'une nuit sans sommeil ou la trouver qui flottait à la surface après toute une vie dévorée par le désir. Voici ce qu'il posa sur l'échiquier : une étrange maison de passe, de vieux clients désormais impuissants, des filles sublimes. Et jusqu'ici, ça pouvait aller. Puis il ajouta sa touche personnelle : les filles dorment, sous l'effet d'un puissant somnifère, et les vieux se glissent dans leurs lits pour passer la nuit aux côtés de ces corps magnifiques. Tôt ou tard, ils s'endorment eux aussi, et au matin ils se faufilent hors du lit pendant que les filles somnolent encore : ils n'échangent jamais un mot avec elles, ne savent pas qui elles sont et n'en sauront jamais rien. Kawabata ajouta un détail qui devait lui paraître essentiel : les filles sont toutes vierges. Enfin, il fit la chose qui restait à faire : il prit un homme, lui donna un nom, Eguchi, et le conduisit dans le bordel une première fois, presque par hasard, puis quatre autres, car il était désormais incapable de résister à la tentation. Il jugea opportun de choisir un homme âgé, mais pas encore tout à fait impuissant. Tout dut alors lui sembler parfait et il entama donc la partie.

(Un conseil : si vous pensez qu'il s'agit là d'une forme exclusivement masculine d'érotisme, vous sous-estimez le talent de Kawabata. Essayez donc de vous mettre à la place d'une des filles.)

Que se passe-t-il exactement dans ces lits ? C'est bien

sûr la question que se pose le lecteur en s'apprêtant à assister à la partie. Tout cela est très japonais, serait-on tenté de dire (gestes millimétrés, désirs épuisés, sentiment de mort, culte et mépris du corps). Mais je dois aussi ajouter que tout est si *typiquement* japonais que cela suscite un doute paradoxal : Kawabata représentait-il l'érotisme japonais si bien que cela ou s'agit-il d'une certaine idée de l'érotisme japonais que nous nous sommes faite, nous, Occidentaux, en lisant Kawabata ? Qui sait. Dans le doute, je préfère signaler une des premières choses que fait Eguchi dans ce lit, le souffle coupé par la beauté de la fille, avec dans la poitrine un second cœur qui se met à battre furieusement. C'est un geste invisible, lent, très sensuel et des plus proustiens : *il se souvient*. Observer la fille, l'effleurer et la toucher l'amène immanquablement à se souvenir des femmes qu'il a aimées, l'une après l'autre et jusque dans les moindres détails, comme si les souvenirs se dissolvaient à la chaleur de ce corps, que la tiédeur de cette beauté les eût arrachés au froid de l'oubli. Vous trouverez peut-être que c'est un rituel pour vieux, mais ne vous arrêtez pas aux apparences. Nous parlons là de l'instinct mystérieux qui fait que nous recherchons toujours chez l'autre l'univers entier de ce que nous saurions aimer ou de ce que nous avons su aimer. Nous parlons là des innombrables fantasmes qui habitent vos lits d'amour et les rendent toujours inconfortables, mais aussi magnifiques.

Il me reste à ajouter un avertissement nécessaire : le livre est écrit par Kawabata, c'est donc une singulière expérience de lecture. Il arrive rarement, en littérature, qu'on perçoive une distance si profonde et impossible à combler : on devine clairement une civilisation différente, fidèle à un goût et à une idée de la beauté dont nous ne connaissons ni les critères ni les règles de base. Un canon qui n'est pas le nôtre. Ce n'est pas seulement la lenteur ou le goût du détail, c'est vraiment une idée de rythme, d'élégance et de distance qui, pour nous, Occidentaux, est inaccessible. Il faut de la patience et aussi beaucoup de foi. Dans le cas de ce livre, la fin franchement ratée vous décevra. Mais, là aussi, c'est une affaire de civilisation plus que d'approximation technique. Chez Kawabata, la fin est presque toujours irritante : parfois, il ne l'écrivait même pas, la fin, tant elle lui était égale. J'imagine que, pour lui, la pensée qu'une histoire dût se terminer semblait aussi idiote que celle d'attendre qu'il se passe quelque chose devant un arbre dans toute la splendeur de la floraison. Et d'être déçu si ce n'est pas le cas et qu'il n'y a que cette splendeur. Nul doute qu'une telle chose paraîtra quelque peu embarrassante aux yeux de tous ceux qui pensent que la grammaire de la narration vient d'Hollywood.

Les belles endormies, de Yasunari KAWABATA, traduit du japonais par René Sieffert, Albin Michel, 1997.

SERGIO LUZZATTO

Padre Pio :

Miracles et politique à l'âge laïc

Quand je l'ai vu là, dans la librairie, je me suis rappelé que tôt ou tard il faudrait que j'y comprenne quelque chose, à cette histoire de Padre Pio. Alors je l'ai acheté et je l'ai comprise.

Pendant longtemps, alors que j'avais une dizaine d'années, Padre Pio a été pour moi un personnage mystérieux, qui n'existait que chez ma grand-mère, dans les magazines qu'on trouvait au salon et dans d'autres, en moins bon état, aux toilettes. Ça devait avoir un rapport avec le cinéma. Certainement avec les ravissantes jeunes femmes qui figuraient également sur la couverture. De temps en temps, je le voyais apparaître sur le flanc des camions en pleine autoroute quand mon père les dépassait, ce qu'il faisait assez rarement : je ne comprenais pas le rapport avec ces magazines populaires, mais je m'en fichais. J'avais alors un seuil de tolérance au mystère très élevé, une caractéristique propre aux enfants de dix ans, qui sont assez intelligents pour remarquer des faits étranges et merveilleusement prêts à en ignorer les causes véritables. Il suffisait qu'il y ait une explication et qu'elle soit belle. Que sais-je? Le Père Noël, papa qui a mis la petite graine dans le ventre de maman. C'est une période de grâce absolue et après, le reste de sa vie, on n'a plus cette légèreté.

Je disais donc que, outre celle de dépasser rarement les autres sur l'autoroute, dans la famille nous avions pour caractéristique d'être très catholiques, mais aussi très européens et pro-concile (ce qui signifie que l'Église née de Vatican II était notre Église, pas une déviance moderniste à vomir). Il va donc de soi que Padre Pio n'incarnait pas notre conception de ce que devait être un saint. Pour un Turinois qui avait grandi en lisant don Mazzolari, une des conditions nécessaires pour devenir saint était, par exemple, de NE PAS faire de miracles. Et Padre Pio, lui, en faisait des tas (certains étaient éblouissants : on disait qu'il n'impressionnait pas la pellicule, quand il ne voulait pas qu'on le prenne en photo). Et puis il y avait la question des stigmates, clairement excessive pour des gens comme nous, qui considéraient le beige comme une couleur tape-à-l'œil. En somme, ce n'était pas notre tasse de thé. Et nous ne nous interrogions guère sur ce phénomène : à nos yeux, c'eût été comme de se poser des questions sur Sophia Loren.

Plus tard, j'ai fait d'autres choses dans la vie et je dois dire que d'une certaine façon je l'avais oublié, Padre Pio. Mais en fait je n'en avais pas terminé avec lui, comme c'est toujours le cas avec les touches de mystère qu'on a contemplées quand on était enfant. Et donc, quand je suis tombé sur ce livre, je me suis dit que c'était la bonne occasion. Dès la quatrième page, j'étais emballé. Car le propos de ce livre est en soi fascinant : peut-on considérer l'événement singulier de la sainteté comme un fait historique, en le soustrayant au pouvoir de l'irrationnel et en essayant de le replacer dans un cadre entièrement rationnel ? Je veux dire : que reste-t-il d'un phénomène comme celui de Padre Pio une fois qu'on lui a retiré la dimension de la foi (sous toutes ses formes, de la religiosité la plus vertigineuse à la simple crédulité) ? La réponse est oui : en l'occurrence, ce qui reste, c'est l'histoire d'un pays, l'Italie. À l'évidence, Luzzatto croit instinctivement dans une chose qui m'a toujours fasciné : la possibilité pour quelques morceaux de réalité (dans son cas, l'Histoire) de contenir la carte du tout dont ils sont une partie infime. Sans cette conviction acrobatique, de très nombreux récits perdraient la moindre signification. Mais on y croit, au contraire, et ce en quoi le livre de Luzzatto croit est l'idée suivante : étudiez le petit morceau nommé Padre Pio et vous verrez la carte de l'Italie, la géographie qui a constitué la réalité sociale et politique de notre pays durant un pan important du xxe siècle. Par conséquent, dans ce livre, la question n'est pas tant de savoir si les stigmates étaient réels ou non, ou si la foi de cet homme était à l'épreuve des balles. La question est de savoir comment un pays peut prendre cette anomalie et, au lieu de l'effacer, de l'oublier ou de l'étouffer, en faire un des éléments du métier sur lequel tisser sa propre histoire. Une question fascinante, nom de Dieu (désolé…).

On lit ces centaines de pages (bien écrites, du reste) et on voit défiler l'Italie : la blessure de la Première

Guerre mondiale, les deux années rouges de 1920 et 1921, l'épidémie de grippe espagnole, l'invention du clérico-fascisme, le miraculeux retour en grâce de l'Église après des années d'impopularité consécutive aux événements de Porta Pia, sa transformation progressive en guide spirituel et politique du pays, puis les bombardements américains, la papauté miraculeuse de Pie XII, les règlements de comptes d'après-guerre, le boom économique, le concile Vatican II, la Démocratie chrétienne, Jean-Paul II. Et il est partout, lui, Padre Pio. À chaque instant, on comprend le pays quand on comprend où il est, ce qu'il fait, ce qu'il ne fait pas et ce que les gens pensent qu'il fait. Lui et ses miracles, dans chacun desquels on peut lire l'incursion incontrôlable du sacré, si on y croit, mais aussi, régulièrement, le code secret qui permet de déchiffrer le texte écrit par ceux qui dirigeaient alors l'Italie. Fantastique. Au point qu'à la fin on se fiche de savoir si cette histoire de lévitation est vraie ou si le saint est bien apparu dans le ciel afin d'arrêter les bombardiers américains : on voit un autre mystère, celui de l'Italie, s'éclaircir lentement sous nos yeux, et c'est une vision autrement plus importante, précieuse et utile.

Padre Pio : Miracles et politique à l'âge laïc, de Sergio Luzzatto, traduit de l'italien par Pierre-Emmanuel Dauzat, Gallimard, 2013.

ELMORE LEONARD

Intégrale des nouvelles western

Je crois me souvenir que son éditeur italien avait beaucoup insisté pour que je le lise. Mais il insiste toujours. Cette fois-là, il avait raison.

Je dois être franc : j'ai un problème avec Elmore Leonard. Je commence ses livres avec enthousiasme, j'en dévore la moitié, puis je ne sais pas ce qui se passe, je m'embourbe et je ne les finis jamais. C'est moi qui ai un problème, je suppose, mais on ne peut pas exclure non plus que Leonard soit un de ces auteurs qui démarrent en fanfare mais qui n'ont pas le talent suffisant pour aller au bout. Je ne saurais le dire, je n'ai pas de certitudes à ce sujet. Peut-être est-ce un génie des chutes, je ne peux pas le savoir puisque je ne suis jamais allé au bout. Ce que je sais, en revanche, c'est que ce livre-ci, je l'ai terminé, car c'est un recueil de nouvelles, de nouvelles western. L'une après l'autre, je les ai toutes lues, et j'aurais pu continuer comme ça pendant longtemps.

Écrire un western – un genre presque exclusivement cinématographique – est une acrobatie singulière, qu'on pourrait comparer à la préparation de la mayonnaise sans œuf (ça existe) : essayez donc de raconter une fusillade et vous comprendrez ce que je veux dire. Il va de soi qu'on doit bifurquer quelque peu du côté de l'introspection, voire de la philosophie, ce qui fait qu'on se retrouve à mettre en scène des pistoleros très occupés à penser : un vrai risque (car si vous êtes très occupé à penser, à l'évidence vous n'êtes PAS un pistolero). Leonard s'en tire en faisant un pas de côté, celui qui a également fait la gloire de Sergio Leone, d'une certaine manière : laissez-les penser peu, bouger lentement et parler génialement, et quand il s'agira d'ouvrir le feu vous aurez accompli le plus dur. Pour mieux dire les choses : n'oubliez jamais que celui qui a tiré ou qui tirera sur un homme demeurera pour toujours sacré, à chaque instant de sa vie. Il parlera donc tel un héros biblique et se déplacera au milieu des choses comme s'il les créait en les touchant. Ce n'est pas vrai dans la vie, ça l'est dans les récits : c'est une sorte de convention qui a eu beaucoup de succès. Le résultat est une prose particulière, très littéraire, dans laquelle le moindre petit geste et toute parole prononcée sont empreints d'une solennité quasi liturgique : concrètement, les hommes sont toujours en plein duel, même lorsqu'ils boivent du whisky ou qu'ils retirent leurs santiags, tout comme, dans *L'Iliade*, Achille et Hector sont nés pour combattre et ne pensent pas pouvoir exister sans cette forme de gloire. Présentée de cette façon, l'épopée du western devient donc la matière parfaite pour un écrivain, car dans l'écriture, au fond, il y a cette lenteur, cette capacité à rendre chaque détail solennel, la possibilité de faire parler les gens comme s'ils étaient en permanence touchés par la grâce. Exemple : « Jimmy Robles ramassa la chemise trempée de sueur qu'il venait de retirer et arracha l'étoile argentée à sa poche. Avant de regarder son oncle, il souffla sur le métal et frotta la surface lisse contre le tissu qui enveloppait son thorax. Puis il l'épingla à la chemise propre, tout en examinant ce qui était gravé dans le métal, *Shérif adjoint*, au dire de John Benedict. "Tu bois trop", observa-t-il d'un air sentencieux. Mais il ne put s'empêcher de sourire devant cette image d'indolence vautrée sur le lit de camp, un pied posé sur l'appui de fenêtre au-dessus de lui, tandis que le monde aurait aussi bien pu s'écrouler à cet instant précis. "Pourquoi tu n'arrêterais pas pendant quelques jours, histoire de voir ce que ça fait?" Tio ferma les yeux. "Le choc me tuerait. — Tu es de toute façon en train de te tuer. — Mais c'est une belle façon de mourir", grommela Tio. »

Si vous ralentissez un peu tout ça et que vous le transposez sur grand écran, vous obtenez du Sergio Leone (vous avez certainement remarqué que le début de *Il était une fois dans l'Ouest* est un livre plus qu'un film). Et si vous y ajoutez pas mal d'ambition, beaucoup de patience et une bonne dose de désespoir lucide, vous vous retrouverez, ô surprise, devant Cormac McCarthy. Dans la mesure où McCarthy est un des trois ou quatre plus grands écrivains vivants, c'est un constat curieux, une invitation à s'interroger sur la genèse mystérieuse de la grande littérature, qui doit souvent beaucoup à l'autre, plus joyeusement plébéienne. Peut-être faudrait-il s'habituer à penser ainsi : il n'y a pas de grands écrivains, il n'y a que des grands livres. Et aussi : les grands livres jaillissent de la terre des récits après des parcours souterrains que nous ignorons, tels les lacs qui recueillent les sources les plus diverses et mélangent mille neiges dans une même eau, laquelle prend ensuite un nom, et ce nom est comme celui d'un homme qui écrit. Je veux dire : peut-être Leonard n'a-t-il jamais lu McCarthy, mais ça ne change rien. Un même courant souterrain s'est servi d'eux pour produire une forme de beauté et la faire jaillir à la lumière du jour. De temps en temps, j'imagine la vie culturelle des hommes telle une épaisse écorce terrestre et les grands auteurs comme des charges de dynamite qui parviennent à la fissurer, à faire sourdre des fleuves souterrains venus d'on ne sait où et voyageant depuis on ne sait combien d'années. Puis on confond le fleuve et l'auteur, mais en vérité celui-ci n'est que force, patience et mégalomanie : c'est une intensité, une explosion. (Voilà pourquoi les grands sont souvent un peu cinglés et qu'ils savent rarement parler de ce qu'ils font.)

Pour mémoire, Hollywood a tiré de ces nouvelles trois films qui sont entrés dans l'histoire du cinéma : *3 h 10 pour Yuma, L'homme de l'Arizona* et *Valdez*. Ce que Leonard en pensait est résumé par une courte déclaration, dans laquelle il se limitait à remarquer « la rapidité avec laquelle les gens d'Hollywood bousillent une simple nouvelle ».

Intégrale des nouvelles western, d'Elmore LEONARD, traduit de l'anglais (États-Unis) par Élie Robert-Nicoud, Payot & Rivages, 2008.

MARY BEARD

Le Parthénon *

C'est le plus bel édifice du monde et je ne connaissais même pas le nom de son architecte : j'ai vu le livre, je l'ai acheté et j'ai découvert qu'il y avait eu deux architectes, qui ne s'appelaient pas Phidias, bien sûr.

Il est sans nul doute agréable et instructif d'étudier les belles choses – tableaux, monuments, théières –, mais ce n'est rien comparé au travail qui consiste à s'interroger sur la manière dont elles ont été reçues, c'est-à-dire sur l'histoire de la culture et donc sur l'entrelacs de forces économiques, politiques, esthétiques et aléatoires qui donnent naissance à une vision collective séparant le beau du laid. Ce que je veux dire, c'est qu'étudier *Madame Bovary* est sans nul doute intéressant, mais que comprendre pourquoi ce roman est devenu une pierre angulaire à nos yeux (et des milliers d'autres non) est fantastique (à l'évidence, ce n'est pas parce que c'était le plus beau). Il y a une grande part de darwinisme dans le processus qui conduit un produit à devenir un chef-d'œuvre, et l'issue de cette terrible sélection ne s'explique pas par les seules caractéristiques objectives de l'œuvre : celles de l'écosystème qui les a favorisées – parfois pendant des millénaires – est décisive. Les œuvres les mieux adaptées survivent, c'est certain, et comprendre *à quoi* elles sont adaptées est une aventure intellectuelle à l'attrait irrésistible.

Prenez le cas du Parthénon. Magnifique, d'accord. Mais, par exemple, il n'était pas de cette couleur-là. Si l'on considère que c'est pour nous l'emblème d'une certaine mesure classique, l'incarnation d'une beauté solennelle, sobre et retenue, il n'est peut-être pas inutile de rappeler qu'à l'origine il était agrémenté de riches éléments décoratifs, aux couleurs vives et joyeusement spectaculaires. Quelle que soit l'idée que nous nous faisons de sa beauté, il faut noter que pendant des siècles les Anciens ont estimé que ce n'était guère plus que le cadre entourant l'énorme statue de la déesse Athéna qui se dressait à l'intérieur du temple : à leurs yeux, c'était elle, la vraie beauté. Ils l'ont décrite jusque dans les moindres détails, si bien que nous pouvons l'imaginer aujourd'hui, sans l'avoir jamais vue : haute de treize mètres, elle avait une structure en bois luxueusement recouverte d'or et d'ivoire. Ne songez pas à quelque chose comme la Vénus de Milo : vous pourrez en voir une copie conforme, grandeur nature, à Nashville, Tennessee, et sauf leur respect, le fait qu'on l'eût reconstruite dans le vieux Sud des États-Unis témoigne d'un certain goût que nous avons pour habitude, nous, d'appeler kitsch.

D'où la question qui surgit inévitablement : est-ce le Parthénon qui a donné naissance à une certaine idée de beauté classique ou est-ce une certaine idée de beauté classique, tout à fait abstraite et imaginaire, qui a donné naissance à la grandeur du Parthénon ? Cette question est légitime, surtout si l'on se souvient que le Parthénon a en fait été restauré aux XIXᵉ et XXᵉ siècles en fonction de ce qu'on attendait de lui : on voulait qu'il représente un certain goût, une certaine civilisation esthétique, et on fit en sorte que ce soit le cas. La marge de manœuvre était considérable, car on en savait très peu, au fond, sur cet énorme machin, de sorte que la question de la fidélité à l'original était une bataille perdue d'avance (on ne sait pas exactement pourquoi il s'appelle comme ça et on n'est même pas sûr que ç'ait été un temple, c'était plutôt un coffre-fort, imaginez ça : on y conservait le trésor de l'Empire athénien, gardé par la statue de treize mètres). En somme, on pouvait agir avec une certaine liberté : on commença par détacher les frises et les métopes, sous prétexte de les mettre en sécurité dans un musée, obtenant ainsi une structure plus dépouillée, sobre et mesurée. Puis on le retapa un peu (car les Ottomans s'en étaient servi comme sainte-barbe et les Vénitiens visaient bien, il était donc dans un sale état), mais ils ne le retapèrent pas complètement, créant la silhouette que nous admirons aujourd'hui encore et qui est un chef-d'œuvre d'invention culturelle : en ruine, mais pas trop, à la fois puissant et fragile, définitif et insaisissable, parfait et inachevé – le meilleur de ce que la sensibilité romantique pouvait espérer mettre au service de ses propres passions.

Naturellement, il faudrait ajouter que ce ne furent pas les Grecs qui firent tout le boulot, mais les grandes puissances européennes de l'époque, les maîtres du monde, ce qui donne à réfléchir sur la considérable puissance des hégémonies culturelles. Mais je préfère laisser ce sujet de côté et noter simplement que le livre de Mary Beard est un manuel parfait pour qui veut s'orienter parmi ces questions : il se penche sur le Parthénon avec un immense respect, mais sans révérence excessive. Des astuces visuelles que ce chef-d'œuvre renferme à la signification politique que la démocratie athénienne attribuait à ces colonnes, le lecteur pourra apprendre une infinité de choses qu'il pensait savoir, souvent à tort. Beau, amusant et instructif.

The Parthenon, de Mary BEARD, Harvard University Press, 2010.

INKA PAREI

La boxeuse d'ombres

À l'époque, j'achetais tous les livres publiés par son éditeur italien. Puis j'ai un peu perdu le fil.

Je ne sais plus très bien quand je l'ai lu – il y a des années –, mais je n'ai pas oublié l'heureux sentiment de découverte totale : cette fille-là écrit magnifiquement, me suis-je dit. Sur la quatrième de couverture, on apprenait qu'elle était née à Francfort en 1967, et on trouvait aussi cette phrase, qui ne pouvait que retenir mon attention : « Avec les vingt premières pages de son prochain livre, encore inachevé, elle a remporté le prestigieux prix Ingeborg Bachmann. » Bingo ! Souvent, derrière une telle phrase, il y a quelqu'un du marketing qui, ce jour-là, voulait bien faire. Mais en l'occurrence, il faut admettre qu'en ouvrant le livre ce qu'on trouvait était singulier, puissant et, d'une façon originale, très beau.

C'est le genre de livre que je n'écrirai jamais. Par exemple – il est temps de parler un peu de technique –, il est entièrement au présent. Moi, j'ai un problème avec le présent, qui me semble trop froid, mais aussi trop agressif. Le résultat, c'est qu'on entraîne le lecteur au bord de ce qu'on raconte, sans lui permettre la distance bienveillante qu'implique l'imparfait : comme si on obligeait quelqu'un à avoir le visage collé à son assiette en mangeant. Peut-être la froideur qui en résulte m'agace-t-elle aussi un peu : elle me semble toujours assez fausse. Derrière, il y a l'idée qu'en mettant ce qu'il raconte au premier plan l'auteur glisse automatiquement au second, de sorte que la vérité y gagne. Le genre de raisonnement qui m'agace.

Une autre chose que faisait ce livre, c'était de glisser des milliers d'objets dans le récit. Je veux dire que si, dans un roman, un personnage entre dans la salle de bains, c'est à l'auteur de décider quels objets de cette pièce convoquer sur la page. Peut-être qu'un seul suffit : des carreaux blancs. Ou peut-être qu'on souhaite en convier deux : des carreaux blancs et une bruyante bouche d'aération. Dans ce livre-ci, tous les objets y sont. À un moment, l'héroïne entre dans une pièce en désordre. Naturellement, un mot suffirait (désordre), mais voici ce que la romancière allemande écrit : « Telle une épaisse couche de nuages, la poussière parsème la plinthe jusqu'à la structure d'un lit en laiton sur lequel gisent de gros édredons, des vêtements jetés en vrac, des livres, un plateau et une tasse à thé, des tubes et des bouteilles, des emballages de bonbons à la menthe chiffonnés, des piles, un Walkman, des cassettes, une boîte de préservatifs. Un chevalet pour faire de la peinture sur soie, taché et replié, un étui souple à guitare, des partitions, deux cendriers pleins, plusieurs tournevis. Un pot de fleurs artificielles renversé, une pierre ponce pour éliminer les cals aux talons, des pinces à linge, des épingles à cheveux, des vis, des barrettes à cheveux, une recharge téléphonique au code gratté, de faux ongles, le tout sous une couche de grains de sable et de miettes de pain. » Applaudissements. Je veux dire : ce n'est pas comme ça que j'écris, moi, mais c'est admirable et nullement inutile – il y a là une certaine beauté limpide.

Le plus incroyable, c'est que sur ces bases, avec ces objets tout autour et ce recensement méticuleux à chaque étape, au final le livre n'était pas ennuyeux du tout : c'était même un thriller, d'une certaine façon. Un thriller très, très raffiné, disons, et dans tous les cas un roman contenant du suspense et des scènes d'action. Des années après, en lisant Stieg Larsson (avec la même délicieuse répugnance que lorsque, de temps en temps, je mange du *pied de porc pané**), je me suis retrouvé à me demander où diable j'avais croisé un personnage du même genre que Lisbeth Salander. Dans le livre d'Inka Parei : voilà où je l'avais croisé. Pour dire que ce n'était pas une histoire de sentiments impalpables ou de micro-phénoménologies snobs : il y a des gens qui s'enfuient, des couteaux qui volent, des scènes d'arts martiaux.

À la fin, je me suis dit : eh bien, quel talent ! Il y avait fort à parier que son étoile brillerait durablement dans le panorama un peu anémique de la littérature européenne. Pourtant, alors que j'écris ces lignes, je ne puis que constater qu'elle a plus ou moins disparu du radar. Je ne le dis pas avec satisfaction, mais avec effroi. En Italie, plus aucun livre d'elle n'a été traduit. J'ai découvert qu'elle en a écrit au moins un autre, mais à l'évidence il n'a intéressé personne ici. Je me suis entêté et je l'ai cherchée sur Internet. Et je l'ai trouvée, apparemment heureuse, sillonnant la Nouvelle-Zélande dans un van et consignant ses notes de voyage sur un blog. Ce qui est très bien, de grâce, mais c'est un peu comme si, dans quelques années, je tombais sur Valentina Vezzali déguisée en Capitaine Crochet à Disneyland Paris.

Pourtant, je n'ai pas de mal à imaginer qu'Inka Parei publie dans quelques années son chef-d'œuvre, qui sait. Dans l'immédiat, j'en profite pour signaler une chose sur laquelle je reviendrai tôt ou tard : je peux me tromper, mais aujourd'hui, ceux qui ont beaucoup de talent et qui sont capables d'écrire des livres ont également assez de bon sens pour comprendre que ça n'en vaut plus vraiment la peine. Certes, on peut le faire, mais peu de gens s'en apercevront, personne n'aura envie d'en parler et le talent passera presque pour un manque d'élégance, et les romans pour un genre périphérique. Le courant du fleuve mène ailleurs et beaucoup en déduisent tranquillement cette vérité indiscutable suivant laquelle il vaut mieux être vivant que doué. Après tout, si on a un immense don pour l'écriture, on est sans nul doute assez intelligent pour faire un tas d'autres choses. Et, parmi elles, il y en a sûrement qui donneront la sensation de vivre pour de bon, d'avoir une existence officielle. Je sais : dit de cette manière, ça paraît plutôt antipathique. Mais c'est un sujet intéressant et absolument pas mélancolique. On en reparlera, c'est promis (et par pitié, ne perdez pas votre temps à supposer que je suis en train de parler de moi. D'avance, merci).

La boxeuse d'ombres, d'Inka PAREI, traduit de l'allemand par Léa Marcou, Pauvert, 2001.

DAVE EGGERS

*Une œuvre déchirante
d'un génie renversant*

*Comment pourrait-on ne pas acheter un livre dont l'auteur a
également réécrit le colophon à sa manière ?*

Un autre début qui m'a figé sur place quand je l'ai lu.
Ce qui m'a le plus frappé sur le moment, c'est la quantité d'énergie qu'il y a dans ce livre. C'est une caractéristique des premiers romans : après des années de
retenue, de matière accumulée, de vie étouffée, le premier roman est comme une digue qu'on ouvre. C'est
un torrent qui s'écoule et charrie de tout, c'est une cas-
cade : avec un léger goût de gaspillage et un excès de
générosité, qu'on passera le reste de sa vie à juger tout à
fait stupides et, dans le même temps, à regretter comme
un geste dont on n'est plus capable. La puissance d'Eggers y apparaît si débordante qu'elle a effectivement
débordé : avant que le récit ne commence, elle a déjà
envahi des zones du livre qui, d'ordinaire, restent à
part – on trouve une préface qui est une sorte de nouvelle postmoderne, des remerciements qui font seize
pages, un schéma qui montre les métaphores les plus

fréquentes (avec l'explication correspondante), puis un nouveau déluge de remerciements (où figure même la Poste américaine). Dès lors, seul le colophon (ces crédits un peu solennels que personne ne lit jamais, sur la première page de gauche) était encore intact : Eggers a dû trouver ça agaçant, de sorte que si vous lisez le sien, de colophon, vous verrez qu'il l'a rédigé lui-même, et naturellement, en lieu et place de quelques lignes anonymes, vous lirez d'intéressantes notations sur le monde et sur les préférences sexuelles de l'auteur. Sérieusement. Tout à fait formidable.

Puis, bien sûr, il y a le texte en tant que tel et c'est souvent là que le bât blesse (une autre expression en voie de disparition sauvée ici !), car ouvrir la digue est une chose, mais ensuite il faut avoir des compétences d'ingénieur hydraulique et être un spécialiste des canaux pour obtenir ce qu'on peut appeler un livre et plus encore un *bon* livre. Pourtant, dans ces domaines, Eggers se révèle prodigieux. Il fait preuve de brio (beaucoup), d'une solide technique (très solide), mais le plus étonnant est de voir tout cela emporté par le courant du récit, ne laissant derrière soi que la magie d'un naturel absolu qui, pour quelque mystérieuse raison, s'écoule en bon ordre et avec discipline. Ils ne sont pas nombreux en circulation, ceux qui en sont capables. Je me rappelle donc lui avoir tiré mon chapeau, comme de juste, et m'être simplement dit qu'il y avait en activité des gens bien plus forts que moi.

Il convient de préciser que l'histoire racontée par Eggers dans ce livre est littéralement son histoire, au point qu'il préfère le ranger dans la catégorie des autobiographies plutôt que dans celle des romans. À l'entendre, il n'a même pas pris la peine de changer les noms. Le destin lui avait réservé la mauvaise surprise de voir mourir ses parents d'un cancer l'un après l'autre, d'une façon aussi déchirante qu'inattendue, et de devoir s'occuper de son jeune frère, qui n'était qu'un enfant et qui se retrouva alors un peu perdu. Ce ne sont pas des péripéties en elles-mêmes bien joyeuses, mais Eggers les raconte d'une manière si éclatante (je ne vois pas d'autre adjectif) que j'ai du mal à songer à un autre livre qui témoigne d'une telle envie de vivre, de rire et d'être extraordinaire. Vraiment, si vous êtes en manque de motivations, si vous lever le matin ne vous semble pas constituer l'incroyable miracle que cela est réellement, entrez dans ce livre et vous aurez honte de vous avant la fin des remerciements (les premiers).

Reprenant le livre en main afin de rédiger ces pages, je suis allé rechercher la scène où Eggers et son petit frère jouent au frisbee sur une plage californienne (une scène dont je gardais un souvenir *éclatant,* précisément), mais je ne l'ai pas retrouvée et j'ai lu des passages au hasard, les savourant de nouveau comme la première fois, jusqu'à tomber sur un passage que j'avais oublié, sans doute parce que, à ce moment-là, je n'étais pas encore assez père pour le remarquer. Dans ce passage, Eggers (vingt et un ans) accompagne son petit frère Toph (sept ans), qui va disputer une partie de base-ball, et il se retrouve dans les gradins, entouré de mères et en proie à l'habituel état d'âme propre aux parents qui vont voir leurs enfants participer à une compétition sportive, un état d'âme qu'on ne peut pas se représenter si on ne l'a pas vécu : un douloureux mélange d'émotion, d'inquiétude et de nervosité qui vous fait vieillir (ou rajeunir) de dix ans. Toute la scène est belle, mais il y a un moment particulier qui mérite des applaudissements et que je rapporte ci-dessous, ne serait-ce que pour vous montrer ce qu'on peut faire de Sa Majesté le Monologue Intérieur, à condition d'en avoir le talent :

« Attentif et soupçonneux, j'observe Toph interagir avec les autres enfants.
Pourquoi ils rient, ces gosses ?
Qu'est-ce qui les fait rigoler ? Le chapeau de Toph ? Il est trop grand, non ?
Qui c'est ces petits cons ? Je vais les casser, moi.
Oh.
Oh, c'était ça. Rien que ça. Hé hé hé. »

J'adore la manière dont il transforme certains emblèmes de la tradition littéraire et les accommode à sa sauce. Et il le fait de la main gauche, ce qui était encore, il n'y a pas si longtemps, une acrobatie à vous fouler le cervelet.

(Contrairement à Inka Parei, Eggers a continué à écrire et il a obtenu des résultats brillants, trouvant sans doute cette activité riche en satisfactions. Mais, pour continuer la réflexion entamée au chapitre précédent, il faut noter qu'il a également fondé sa maison d'édition, lancé deux revues et ouvert à San Francisco une école où il enseigne le *creative writing* aux enfants, persuadé que maîtriser une langue et savoir raconter une histoire sont deux armes qui pourront rudement compliquer la tâche à ceux qui voudront les faire taire plus tard, quand ils seront grands. Je veux dire : il n'a pas songé un seul instant qu'être écrivain pouvait suffire. Une sacrée leçon.)

Une œuvre déchirante d'un génie renversant, de Dave EGGERS, traduit de l'anglais (États-Unis) par Michelle Herpe-Voslinsky, Balland, 2001.

BILL BRYSON

Une histoire du monde
sans sortir de chez moi

Je l'ai ouvert et je suis tombé sur un classement des matelas,
qui date du XIXe siècle, suivant le confort du matériel employé
pour les remplir. À la huitième place, il y avait : algues.
Adjugé, vendu.

Typiquement un livre de plage, mais pour des lecteurs entraînés (en admettant que les lecteurs entraînés échouent parfois sur une plage). Je veux dire que
si vous êtes du genre à avaler dix livres chaque mois
vous avez sans doute le bon goût de ne pas aller sur la
plage avec Thucydide ou le dernier Nobel sous le bras,
ce qui pose le problème de savoir quoi y emmener,
en tenant compte du fait que ce doit être une lecture
en mesure de survivre aux cris des baigneurs, à la
crème solaire et aux effarantes conversations des voisins. Bill Bryson est une excellente solution à ce problème. Il écrit des livres qui ne sont pas des romans,
mais qui racontent de façon fort élégante comment
va le monde et, surtout, comment il allait par le passé.
On apprend un tas de choses, on rit souvent, et si, à

la fin, le livre tombe dans le seau d'eau des enfants, ce n'est pas si grave.

Dans le cas de cet ouvrage-ci, Bryson tente une opération que je ne qualifierais pas de géniale, mais qui a tout de même quelque chose de bien vu et de séduisant. À un certain moment de sa vie, il s'est installé dans un petit village du Norfolk, et plus précisément dans une maison qui était un ancien presbytère victorien. Cette circonstance l'a incité à imaginer l'existence du pasteur anglican qui y avait vécu, puis à mesurer combien il en savait peu, lui, sur le quotidien des gens du siècle précédent, dans ce village et dans cette maison. Il s'est posé des questions comme : Pourquoi les toilettes sont-elles faites ainsi ? Pourquoi, parmi toutes les épices du monde, avons-nous choisi le poivre et le sel ? Comment faisait-on avant le réfrigérateur ? Lorsqu'on entre dans un tunnel de ce genre, on n'en ressort plus. Mais il en est ressorti, lui, avec un livre qui se faufile agilement dans chaque pièce de l'ancien presbytère (y compris la réserve et la chambre des enfants) et reconstitue la vie qu'on y menait à l'époque victorienne. Si l'on veut donner une justification philosophique à un livre qui est avant tout un agréable voyage dans les plis du monde, on peut faire sienne l'idée que Bryson énonce dans l'introduction du livre : « C'est surtout cela, l'Histoire : des quantités d'individus qui font des choses banales. » Efforcez-vous de comprendre les gestes simples, basiques, des gens de la rue et vous comprendrez le monde. J'ignore si c'est vrai, mais quand on est sur la plage, on peut facilement y croire.

Ce qui l'est assurément, c'est qu'au fil de son voyage Bryson amène le lecteur à découvrir d'infimes histoires d'une beauté cristalline. Par exemple : l'éclairage. Quelqu'un sait-il quelle lumière il y avait, après le coucher du soleil, dans les maisons anglaises du XIXᵉ siècle ? Bryson le sait, lui : ces pauvres gens vivaient dans des maisons pourvues de la même quantité de lumière qu'en produit notre réfrigérateur quand nous l'ouvrons. Cela, note Bryson, explique pourquoi le roman et, plus généralement, le phénomène de la lecture se développent à partir d'un certain moment du XIXᵉ et pas avant : il fallut attendre la lampe à pétrole. Auparavant, c'était un truc à s'abîmer les yeux, il valait mieux laisser tomber. (Ils tâtonnaient dans le noir, ce qui explique aussi pourquoi les meubles, tables et chaises comprises, étaient toujours appuyés contre les murs, pour éviter qu'on ne les heurte dans l'obscurité de ces maisons sans couloirs : curieux comme, de la ridicule puissance d'une bougie, c'est-à-dire un watt, dérivent tant d'autres choses absurdes.) À propos de livres, on peut souligner un autre fait singulier : il fut un temps, du reste pas si lointain, où une quarantaine de volumes représentaient une bibliothèque imposante. John Harvard, un pasteur protestant qui vécut au XVIIᵉ siècle, en possédait pas moins de quatre cents, et sa bibliothèque passait pour si colossale qu'à sa mort, lorsqu'elle fut donnée à l'université où il enseignait, celle-ci prit son nom.

Quant au frigo, on découvre que pendant des millénaires les hommes ont mangé des aliments à empreinte carbone nulle, pour la simple raison qu'ils n'étaient en mesure de conserver et donc de transporter que très peu de marchandises (nous devons à notre merveilleuse folie l'idée d'être revenus aujourd'hui à une situation pénible que nous avons mis des siècles à surmonter). C'est un Bostonien, un certain Frederic Tudor, qui nous a libérés de cette stricte contrainte du kilomètre zéro, en important d'Amérique au XIXᵉ siècle d'énormes blocs de glace venus des lacs du Grand Nord (ça peut paraître stupide, mais sans frigo, comment croyez-vous la fabriquer, la glace ?). Un autre pas décisif a été accompli en 1810 par un certain Bryan Donkin, qui fit breveter la mise en conserve de la nourriture. Son système était génial, mais les boîtes étaient en fer et presque impossibles à ouvrir. Les soldats, par exemple, les ouvraient en tirant dessus au fusil. Ce qui me permet d'évoquer une chose que je savais déjà et qui me semble constituer une métaphore parfaite de la condition humaine : on a inventé la boîte de conserve en 1810 et l'ouvre-boîte en 1925. Songez aux cent quinze ans qui séparent ces deux dates et vous comprendrez beaucoup de choses. (Mais ça ne s'est pas toujours déroulé ainsi : la tondeuse à gazon, par exemple, a été inventée en 1830, à une époque où personne n'imaginait qu'un jardin à l'herbe bien coupée pût avoir un effet sédatif ni qu'il ne servait pas juste à nourrir les vaches et à ramasser leurs bouses.) Vous voyez : sur la plage, des histoires de ce genre sont de nature à vous faire oublier les commentaires de votre voisin lecteur de *Point de Vue*.

À propos : les matelas à ressorts ont été inventés en 1865. Comme ils n'étaient pas très au point, vous risquiez alors de vous faire transpercer par un ressort qui faisait *sboing.*

Une histoire du monde sans sortir de chez moi, de Bill BRYSON, traduit de l'anglais (États-Unis) par Hélène Hinfray, Payot, 2014.

CURZIO MALAPARTE

La peau

Je fais encore confiance aux éditeurs. Alors si on réédite Malaparte et qu'on me dit qu'il faut le lire, je m'efforce d'obéir.

Longtemps, je n'ai pas même envisagé de me mettre un jour à lire Malaparte : c'était un fasciste. Je le dis sans fierté particulière, mais sans aucun sentiment de culpabilité non plus. L'antifascisme est une vision du monde qui mérite largement que l'on commette quelques grossières erreurs. Et le privilège d'avoir reçu en héritage la capacité de reconnaître les fascismes et l'instinct de les combattre vaut largement quelques vides sur des étagères, et un peu de beauté ou d'intelligence égarée en chemin. Cela dit, on s'assouplit avec l'âge, et quand les Éditions Adelphi ont décidé de réhabiliter Malaparte en Italie, j'étais prêt. En fait, il s'était déjà passé quelque chose : en étudiant la Première Guerre mondiale, j'étais tombé sur son *Viva Caporetto!*, un incroyable récit mêlé de réflexion autour de cette défaite historique : rien à dire, il regorgeait de talent et d'indépendance d'esprit, et si quelqu'un avait en tête les habituels lieux communs

sur ce qui s'était passé là-bas, ce livre les réduisait en
pièces, il conduisait le lecteur par-delà toute évidence
rassurante. Il faut aussi noter que Malaparte a publié un
tel livre, antimilitariste et contre toute forme de patrio-
tisme, en 1921 (il fut aussitôt interdit par la censure), et
dès lors on commence à comprendre pourquoi le congé-
dier tel un vulgaire fasciste a pu être une solution facile
mais inexacte, au moins autant que de qualifier Messi
de simple deuxième attaquant. En somme, la question
était manifestement plus complexe : toute la biographie
de Malaparte est là pour nous le rappeler. Guère dési-
reux d'approfondir le sujet, j'ai décidé de lire *La peau*
comme tout autre livre, ce qui est sans doute le mieux
qu'on puisse faire en définitive. Et j'ai dû batailler, car
on aurait du mal à trouver livre plus déplaisant à tous
points de vue, mais aujourd'hui je dois reconnaître que
j'ai lu peu de livres aussi beaux ces dix dernières années
(et il m'en coûte d'écrire « beaux », car là non plus ce
n'est pas le qualificatif qui convient).

Comme on le sait, dans ces pages Malaparte raconte
Naples libérée par les Américains. 1943. L'enfer. Mais un
enfer théâtral, fait d'exhibitionnisme, de misère, d'obscé-
nité morale, de paradoxes, de drames, de cols amidon-
nés, de gallons et de jambes écartées. Malaparte parlait
de choses qu'il connaissait : en 1944, un des nombreux
détours de sa biographie le conduisit à être officier de
liaison entre l'armée italienne et les forces d'occupation.
Concrètement, c'était l'homme qui aidait les Américains
à y comprendre quelque chose. En principe, *La peau* est
le compte rendu de cette période et de sa traversée de
l'enfer en tant que guide des Yankees et de leur stupeur

infantile. Dans les faits, c'est un peu différent, car *La peau* est avant tout un roman et ne montre pas la réalité, il la fait passer à travers le regard d'un homme particulier, qui est peut-être fou ou bien doté de trop d'imagination, ou même simplement aveugle. Naples était-elle vraiment de l'enfer que Malaparte décrit? Je l'ignore. Les scènes grotesques qu'il enregistre l'une après l'autre sont-elles vraies? Sans doute n'y a-t-il pas de réponse à cette question, car ce n'est pas la bonne. Des livres comme celui-ci dissolvent la notion de Vrai avec la même efficacité poétique que, dans le domaine de l'art sacré, les Dépositions dissolvaient ce qu'il y avait de Dieu dans ce corps descendu de la croix. Ce ne sont que quelques secondes, mais pendant ces instants on fait fausse route, si on se demande ce qui est Vrai et où est passé Dieu.

Ce sont des visions baroques, ai-je envie de dire. Du réalisme magique méditerranéen. Voici une anecdote qui résume tout : comme il était interdit de pêcher, on crut bon de piocher dans l'aquarium de Naples pour honorer la table des officiers américains. Ces derniers mangèrent donc des poissons fort exotiques et insolites. Et, une fois les plus appétissants dûment liquidés, il fallut se replier sur les moins présentables, si bien qu'à un certain moment on servit au général Cork et à ses commensaux une monumentale sirène (le poisson qui, en raison de ses traits humains, a donné naissance à la légende du même nom), et pendant un long, un interminable moment, tout le monde voit une petite fille là où il y a en réalité un poisson : une petite fille bouillie, à vrai dire, allongée sur un lit de laitue et défigurée par la vapeur (comme je l'ai dit, ce n'est pas un livre plaisant). Du reste, ils baignaient dans un enfer où il était possible de croire qu'on vous servait à manger une petite fille bouillie. Au final, bien que persuadés que c'est effectivement un poisson, ils ne la mangent pas. En guise de magistrale conclusion, le chapelain exige qu'on l'enterre tout de même dans le jardin, car on ne sait jamais. Qu'est-ce que c'est : anecdote ou invention ? J'ai envie de répondre comme le font les Colombiens quand on leur demande si les histoires de García Márquez sont véridiques : je ne comprends pas la question.

Il faut ajouter que Malaparte décline son réalisme magique dans une langue elle aussi très difficile à situer. Le ton de base relève d'un cynisme vaguement dandy. Puis, par-dessus, il pose une ou deux couches à la teinte nettement expressionniste, à cela près que le pinceau dont il se sert a dû tremper dans un pot de romans roses. Et, pour les finitions, il s'autorise des envolées solennelles, des passages arrachés et de splendides morceaux d'écriture sans pitié, mais limpide : un diamant. Comme vous l'imaginez, le résultat est un style qui n'a pas de nom. Ce qui doit naturellement vous intriguer, car là où il y a une voix inimitable qui se passe d'explications, d'ordinaire on trouve cette suspension du monde que, par convention, nous appelons littérature.

La peau, de Curzio MALAPARTE, traduit de l'italien par René Novella, Gallimard, 1973.

RENÉ DESCARTES

Discours de la méthode

Tous les ans, un classique de la philosophie, sans discussion possible. Ne serait-ce que pour en écouter la musique ou en respirer la splendide arrogance.

C'est un petit livre, ce qui est déjà fascinant en soi. Si vous vous attendiez à un gros volume érudit et ennuyeux, alors vous ne savez pas de quoi il s'agit. C'est un petit livre que Descartes écrivit en français. Ce qui, comme l'a expliqué Marc Fumaroli, est moins anodin qu'il n'y paraît. À l'époque (1637), l'érudition s'exprimait en latin, elle était débordante et obscure, mais aussi bourrée de citations empruntées aux classiques (car le savoir coïncidait avec l'enseignement des classiques). Descartes provenait de ce monde, mais il envoya tout valser en faisant un geste typiquement barbare : cinquante petites pages écrites dans une langue qu'on estimait alors inadaptée à quelque forme d'éloquence que ce soit. Pourquoi fit-il ce geste ? Parce qu'il voulait vraiment tourner la page et fonder une nouvelle méthode permettant de comprendre les choses : il savait que les érudits n'apprécieraient pas et il n'écrivit donc pas pour eux, mais pour les nouvelles et superficielles élites des salons parisiens, qui ignoraient le latin et ne tenaient un livre à la main que si, de l'autre, elles pouvaient s'éventer (ou se livrer à un type d'activité bien différent, comme le remarqua Rousseau à propos de certains opuscules érotiques). Il écrivit pour les barbares de l'époque. Il leur fit confiance et, en effet, ceux-ci préparaient une véritable révolution culturelle.

Il rédigea à leur intention un livre de philosophie, mais la vérité, c'est que pendant la moitié de l'ouvrage au moins on dirait surtout un roman d'aventures. Si étrange cela puisse-t-il paraître, le *Discours de la méthode* a une structure narrative aussi précise qu'implacable. Le voyage du héros. Un jeune homme très doué intellectuellement fait le tour du monde pour tout apprendre et, en rentrant chez lui, il découvre qu'il ne sait rien. Alors il s'enferme dans sa petite chambre et vainc ses démons. Implacable, je vous l'ai dit. Si vous pensez que c'est encore une de mes élucubrations, lisez donc ceci : « Mais, ne proposant cet écrit que comme une histoire, ou, si vous l'aimez mieux, que comme une fable [...], j'espère qu'il sera utile à quelques-uns, sans être nuisible à personne. » N'est-ce pas frappant ? Le livre qui fonda l'idée moderne du savoir *était de la fiction* aux yeux de son auteur. Et, une fois ce préambule expédié, il débute par cette formule : « J'ai été nourri aux lettres dès mon enfance... » On dirait Proust.

Ah. Un jour, j'ai demandé à mon enseignante de lettres où diable Proust avait déniché cette façon d'écrire. C'est-à-dire cette somptueuse capacité à dérouler la syntaxe sans le moindre effort pendant vingt lignes. Chez les essayistes français des XVIIe et XVIIIe siècles, m'a-t-elle répondu. Je n'en avais pas lu un seul et je n'ai donc pas très bien compris, mais sa réponse m'a plu : en effet, elle sautait d'un coup toute la littérature et expliquait pourquoi je ne trouverais pas la source du savoir-faire proustien chez Balzac ou Flaubert. Ça collait. Mais je n'ai saisi ce qu'elle avait voulu dire exactement qu'en lisant Descartes, le français de Descartes : et comme il existe une édition bilingue français-italien, vous pourrez le faire vous aussi. Un français d'une élégance et d'une virtuosité enchanteresses (je ne dis pas que la traduction n'est pas belle, elle l'est, je dis juste que le son du français est du violoncelle, il est différent de celui de l'italien, qui est du violon. Quant à Proust, c'est de la viole de gambe). Dès lors, comprendre le raisonnement philosophique n'est pas si important que cela : on peut lire un tel livre rien que pour sa beauté pure et simple.

Et aussi pour l'une de ses nombreuses perles de sagesse. À un certain moment, Descartes s'en prend aux érudits, à leur manière absconse et peu conciliante de présenter les choses. Il n'acceptait pas que ces hommes de savoir se moquent de leurs lecteurs, qui valaient bien mieux qu'eux. Il le dit en trois lignes : « En quoi ils me semblent pareils à un aveugle qui, pour se battre sans désavantage contre un qui voit, l'aurait fait venir dans le fond de quelque cave fort obscure. » Touché. On le sait, il était favorable à une pensée capable d'idées claires et différentes. La clarté et une certaine forme de simplification géniale étaient ce qu'il entendait par *intelligence.* Avec une cohérence sublime, il écrivait des phrases comme celle-ci : « J'ai toujours eu un immense désir d'apprendre à distinguer le vrai du faux, pour voir clair dans mes actions et parcourir d'un pas assuré le chemin de la vie. » Limpide, passionné, juste. Une leçon. À un certain moment, il aborde la question du succès et de la gloire, une sorte de passage obligé pour quelqu'un comme lui, qui pensait avoir résolu tous les problèmes de la connaissance. En la matière, Descartes avait des idées tout en modération et en clarté, qu'il parvint à résumer dans une phrase dont chaque pli m'est resté cher et que je suis particulièrement heureux de citer ici : « Car, bien que je n'aime pas la gloire par excès, ou même, si je l'ose dire, que je la haïsse, en tant que je la juge contraire au repos, lequel j'estime sur toutes choses, toutefois aussi je n'ai jamais tâché de cacher mes actions comme des crimes, ni n'ai usé de beaucoup de précautions pour être inconnu ; tant à cause que j'eusse cru me faire tort, qu'à cause que cela m'aurait donné quelque espèce d'inquiétude, qui eût derechef été contraire au parfait repos d'esprit que je cherche. »

Discours de la méthode, de René DESCARTES, Librio, 2013.

KATIE HAFNER

Une romance sur trois pieds :
Glenn Gould et la recherche obsédante
de la perfection ☆

J'ai lu tous les livres sur Glenn Gould, tous. Impossible de
rater celui-ci.

Ça n'a pas de sens, mais parfois je me dis qu'à l'origine il y avait deux grandes listes : celle des histoires et
celle des écrivains. Puis quelqu'un a formé des paires.
Et là, de temps en temps, il semble qu'on ait commis
de regrettables erreurs. Par exemple, il revenait de
toute évidence à Dostoïevski et non à Kleist d'écrire
Michael Kohlhaas, de même que c'est manifestement un
malentendu si Calvino a écrit *Le chevalier inexistant* (fait
pour Kafka, bien sûr) au lieu de *L'Aleph* (échu par la
suite à Borges). Parfois, je prends le temps de réfléchir
aux innombrables conséquences qu'a eues l'attribution
incorrecte de *L'étranger* à Camus plutôt qu'à Simenon,
son destinataire légitime. Et nul ne pourra m'empêcher de regretter la beauté que nous aurions goûtée si
Céline avait écrit *Germinal* et Proust *Lolita.*
 Cela vaut également pour les essais. Il y a quelques
années, un très beau livre racontait en détail la façon

dont les hommes parvinrent à déterminer la position des navires en pleine mer au moyen de la longitude. Son histoire était si belle et symbolique que cet ouvrage, certes bien écrit par Dava Sobel, vous faisait regretter à chaque page qu'il n'eût pas été l'œuvre d'un écrivain, même de quelqu'un comme Zweig. Il m'est arrivé la même chose en lisant cet ouvrage sur Gould. C'est un beau livre, écrit de façon claire, mais c'est un peu comme de confier une histoire de Maigret à un journaliste de faits divers. C'est du bon travail, mais à chaque page on se sent comme orphelin d'un certain chatoiement.

Car l'histoire est magnifique. La première partie du titre est sans doute la plus fidèle : il s'agit bel et bien d'une histoire d'amour sur trois pieds. En effet, c'est la rencontre de trois personnages : un pianiste de génie, un piano insolite et un accordeur extraordinaire. Et, d'une certaine manière, c'est une histoire d'amour.

Gould, vous le connaissez : d'un côté, il y a les pianistes, et de l'autre, il y a lui. Il était si conforme, jusque dans les moindres détails, à la définition du génie que les dictionnaires donnent, que ces derniers devraient désormais seulement indiquer : « Individu semblable à Glenn Gould. » Il avait une façon bien à lui de comprendre la musique et un ensemble de manies qui étaient un spectacle en soi. Dans ces conditions, nul doute que le choix d'un piano n'ait été une affaire des plus compliquées, à la limite de la quête mystique. Il chercha longtemps l'instrument idéal, et lorsqu'il l'eut trouvé passa une bonne partie de sa vie avec lui. C'était un Steinway, qui avait pour nom CD 318, pesait cinq cent cinquante kilos et était né le 31 mars 1941.

Pour un piano, naître en 1941 relevait du miracle. C'était en pleine guerre et même la légendaire Steinway & Sons avait été aimablement priée de produire quelque chose d'un peu plus utile que des instruments servant à jouer du Chopin. Ils ne savaient pas faire de bombes, alors on leur fit construire des planeurs à usage militaire. Ces derniers volaient si mal qu'assez vite on décida de réorienter la production vers quelque chose de plus simple : des cercueils. C'est dans ce contexte joyeux que, d'une certaine façon, le CD 318 vit le jour. Il fit une carrière anonyme dans le showroom d'un revendeur de Toronto, puis se retrouva dans une soupente lorsque quelqu'un jugea qu'il avait atteint l'âge de la retraite. C'est là que Gould le dénicha. Il s'assit au piano, trouva sous ses doigts une chose qu'il cherchait depuis longtemps et ne se leva que de nombreuses années plus tard.

L'histoire d'amour aurait pu se terminer là, mais la musique est plus complexe que les affaires sentimentales (*encore* plus complexe) et il manque donc un troisième larron, décisif : l'accordeur. Et ce n'est pas qu'un problème de fausses notes : l'accordeur sculpte le son d'un piano. Concrètement, il dessine son âme. Prenez maintenant le pianiste le plus génial du monde et installez-le devant un piano unique, mais presque injouable : vous verrez que ce qui lui manque, c'est un accordeur hors norme.

Il s'appelait Charles Verne Edquist, il avait un an de plus que Gould, était pratiquement aveugle et avait eu une enfance misérable. Il était devenu accordeur parce qu'on estimait, à juste titre, que les aveugles étaient doués pour ce métier. Il partit d'en bas, travailla dur, se glissa dans le ventre de milliers de pianos et sillonna le Canada dans tous les sens afin d'y accorder les instruments de gentilles petites familles en échange de trois dollars. Puis quelqu'un comprit qu'il n'était pas juste bon : c'était le meilleur. Au début des années soixante, ce qui devait arriver arriva : Edquist, Gould et le CD 318 se rencontrèrent pour la première fois. Bien sûr, au début tout ne se déroula pas au mieux, car ils étaient tous les trois du genre compliqué. Mais ils avaient une histoire à écrire ensemble et ils le savaient.

Le reste est entré dans la légende. Pour en comprendre la raison, il suffit de rapporter une anecdote. Edquist y voyait très peu, presque pas du tout, mais il était plus ou moins capable de reconnaître les couleurs. Il avait aussi l'oreille absolue et savait donc identifier les notes. Dans sa tête, les deux choses se mêlaient. Par conséquent, lorsqu'on lui jouait une note, il pouvait deviner que c'était un *fa*, et si on lui demandait comment il avait fait pour le deviner, il répondait : eh bien, elle est bleue. Le *do* était d'un vert jaunâtre, le *la* blanc, le *ré* couleur sable. Un jour, des années après leur rencontre, il prit son courage à deux mains et exposa à Gould sa curieuse façon de reconnaître les notes. Il dut lui dire que le *sol* était orange ou quelque chose comme ça. Oui, je sais, répondit Gould.

A Romance on Three Legs : Glenn Gould's Obsessive Quest for the Perfect Piano, de Katie HAFNER, Bloomsburg, 2008.

TRUMAN CAPOTE

Petit déjeuner chez Tiffany

Cela faisait des années que je remettais ce moment à plus tard : celui de comprendre comment Truman Capote avait pu écrire un petit roman de ce genre.

Parfois, quand on exerce le métier qui est le mien, il arrive qu'on vous demande quel livre célèbre vous auriez aimé écrire. Longtemps, j'ai répondu *Les trois mousquetaires* et ce n'était pas par snobisme, j'étais sincère. Mais depuis quelques années, je suis persuadé que le sommet, pour un écrivain, consiste à avoir écrit à la fois *Petit déjeuner chez Tiffany* et *De sang-froid*. J'ai du mal à imaginer une preuve de talent aussi éclatante et indiscutable. Écrire l'un de ces deux livres aurait déjà constitué un triomphe, mais que Truman Capote ait pu les concevoir et les bâtir tous les deux, voilà une chose qui me dépasse. En toute logique, celui qui a rédigé l'un devrait vomir à la lecture de l'autre. Mais à l'évidence, pour Capote, c'étaient simplement deux phases différentes de son parcours d'écrivain. C'est le genre de virtuosité ostentatoire, inutile et potentiellement infinie qui m'a toujours fasciné : en définitive, les auteurs que j'aime le plus sont ceux qui sont allés jusqu'à se réfuter eux-mêmes. Par exemple, *Moby Dick* et *Bartleby le scribe* s'annulent réciproquement : n'est-ce pas fantastique ?

Pour revenir à Capote (un homme que j'aurais sans doute trouvé insupportable si j'avais eu le privilège de le rencontrer), il faut tout de même dire que, des deux livres cités, c'est *De sang-froid* qui est vraiment génial, nous sommes bien d'accord. Pour autant que je sache, il n'y a que trois ou quatre livres dans l'histoire moderne qui soient parvenus à faire œuvre de littérature en racontant fidèlement un fait divers : si peu, donc, qu'il n'est pas question de parler de genre, ce sont des miracles, ni plus ni moins. *De sang-froid* en est un. J'ai souvent tenté de comprendre comment il réussissait des acrobaties à côté desquelles d'autres livres tout aussi ambitieux échouent pitoyablement, mais je n'y suis jamais vraiment arrivé. Je crois que c'est surtout le résultat d'une capacité surhumaine à se freiner : dans le style, l'imagination, l'investissement émotionnel. Le vrai génie du livre, c'est tout ce qui n'y est pas. Bref. Je l'ai lu il y a plus de dix ans, ce qui me dispense d'en parler ici. Vous voulez bien que j'en vienne à Holly Golightly ?

Malheureusement, il y a le film. Le problème avec *Petit déjeuner chez Tiffany*, c'est qu'au début on ne peut s'empêcher de voir l'imbuvable Audrey Hepburn dans le film de Blake Edwards. En la matière, la situation est la suivante : les femmes adorent Audrey Hepburn, tandis qu'aux yeux du public masculin (Capote compris), Holly, c'est Marilyn Monroe, bien sûr. Quoi qu'il en soit, lorsqu'on lit le livre, ces deux-là apparaissent à chaque détour et, dans un premier temps, on nage en plein chaos. Puis Capote reprend la main, on voit alors Holly, rien qu'elle, et on comprend sans le moindre doute possible que s'il y a dix personnages féminins vraiment inoubliables dans la littérature du XXe siècle, elle en fait partie. Ces répliques incroyables. Cet humour permanent, surtout dans la tristesse. Qu'elle se mette du rouge à lèvres avant de lire une lettre de son petit ami. Ce genre de choses. Vers la fin, une fois qu'on a oublié le film, elle dit une phrase qui m'aurait fait gagner beaucoup de temps si je l'avais lue à l'âge de trente ans : « Ça pourrait durer toujours, de ne pas savoir ce qui est à vous jusqu'à ce que vous l'ayez perdu. » Inversement, au début, quand on a encore en tête la voix et les formes de Marilyn, on trouve un court dialogue qu'un jour je ferai sans doute afficher en caractères élégants sur un mur un peu à l'écart de la Scuola Holden, où les plus patients, ou peut-être ceux qui sont les plus disposés à accepter la réalité des choses, pourront le lire. C'est un dialogue entre Holly et le narrateur, un aspirant écrivain qui habite au-dessous de chez elle. Ils viennent de se rencontrer, c'est le moment des présentations.

Elle : Dites-moi, êtes-vous vraiment un écrivain ?

Lui : Ça dépend de ce que vous entendez par « vraiment ».

Elle : Eh bien, mon chou, est-ce que quelqu'un *achète* ce que vous écrivez ?

Naturellement, ce n'est pas tout. En fait, c'est même un peu plus compliqué. Il y a aussi une façon de glisser sur les choses – de glisser *divinement* sur elles – qui leur arrache une certaine vérité. Du reste, c'est ce que fait tout le livre de la première à la dernière page, *glisser*, mais je ne crois pas qu'ils soient nombreux à posséder une telle fluidité, une telle légèreté et une telle suavité. En cela aussi, le livre est incomparablement meilleur que le film, conformément à une théorie que je devrais considérer comme définitive, histoire de me simplifier la vie dans ce domaine au moins : lorsqu'un film est tiré d'un livre, alors ce dernier est meilleur. (*Full Metal Jacket* aussi est l'adaptation d'un livre, mais on le sait peu et d'ailleurs le film est nettement plus réussi.) Je n'exclus pas qu'en adoptant ce principe on finisse de temps en temps par se planter dans les grandes largeurs, mais le gain de temps est indiscutable et justifie bien quelques erreurs.

Au passage – et pour confirmer ce qui vient d'être dit –, j'ajoute que le livre ne se termine pas de la même manière déplorable que le film, et cela parce que c'est un livre, c'est-à-dire le produit d'une civilisation qui savait et qui sait encore comment se déroulent des adieux et en quoi consiste l'art de laisser une histoire prendre congé, une fois son temps épuisé.

Petit déjeuner chez Tiffany, de Truman CAPOTE, traduit de l'anglais (États-Unis) par Germaine Beaumont, Folio, Gallimard, 1973.

HILARY MANTEL

Dans l'ombre des Tudors

Effectivement, le livre était bien tel qu'on me l'avait décrit : un de ceux dont on commence à se dire vers sept heures du soir qu'il vous attend sur la table de nuit.

Le roman historique de qualité est un animal rare et amphibie qui, dans l'échelle de l'évolution formant l'art du récit, se situe quelque part entre le navet indigne et le chef-d'œuvre à la *Mémoires d'Hadrien*. Le risque de commettre un tel chef-d'œuvre étant le privilège exclusif de quelques-uns, la tendance actuelle consiste avant tout à sombrer dans le navet, un terme que je préférerais ne pas devoir expliquer, mais sur lequel je vais pourtant devoir m'attarder : un navet, c'est quand on écrit dans une langue si dépourvue d'ambitions, si peu capable de subtilités, que le lecteur raffiné ne pourra pas dépasser la page vingt sans avoir l'impression de manger du *foie gras** à même la boîte. Souvent, leurs auteurs savent fort bien narrer une histoire, mais il faut comprendre que si l'on a un passé de bonnes lectures, peut-être du Shakespeare, exiger que la table soit bien dressée n'est ni de l'arrogance ni du snobisme, c'est la chose la plus naturelle du monde. Il faut également préciser que derrière son apparente simplicité l'exercice du roman historique nécessite toute une série de prouesses technico-stylistiques à la difficulté pour le moins sournoise : s'il vous arrive un jour d'en écrire un, sachez que vous aurez pour tâche de mettre des dialogues dans la bouche de Charlemagne, de faire coucher ensemble Abélard et Héloïse ou de vous asseoir à la table de la Pompadour : bon courage. Il me semble incroyable que tant de romanciers se lancent dans des ascensions aussi difficiles munis d'un bagage stylistique qui dépasse rarement la paire de claquettes de plage. Et, dans un premier temps, je ne peux m'empêcher de me demander pourquoi personne ne les en dissuade d'emblée. Puis je repense à leurs chiffres de vente et bientôt une telle interrogation semble moins pressante. (Je n'ai absolument rien, d'ailleurs, contre ceux qui les lisent ; moi aussi je suis comme ça quand j'achète un vélo, par exemple : je n'ai pas passé assez de temps à pédaler pour comprendre certaines nuances ou espérer autre chose qu'un fonctionnement serein et heureux. Il s'agit juste de gestes qu'on n'a pas pratiqués longtemps ou pas fréquemment : on a des goûts simples. Pas stupides, simples. Ne vous fâchez pas contre moi.)

Résumons : si on aime l'Histoire et qu'on adore les romans, contre toute logique on risque d'avoir le plus grand mal à trouver un bon roman historique. J'ai su que j'en avais trouvé un, moi, quand des amis m'ont refilé *Dans l'ombre des Tudors*, en insistant sur le fait que ce n'était pas du tout ce que j'imaginais, avec pour incroyable résultat de me faire dévorer sept cents pages sur un Cromwell qui, en plus, n'était même pas ce Cromwell-*là*.

Celui-ci se prénomme Thomas, Thomas Cromwell, et il n'apparaît nulle part ou presque dans les livres d'histoire, car ce fut certes un homme immensément puissant, mais d'une façon silencieuse et discrète, son destin n'ayant été marqué par aucune acrobatie funambulesque. Holbein le Jeune fit un portrait de lui qui me semble remarquable et où Cromwell apparaît diaphane, fuyant et impénétrable. Toutefois, il est clair que s'il est un genre d'homme qu'on préfère ne pas avoir contre soi, c'est bien le sien. Très habile en affaires, il s'était fait tout seul, s'élevant dans l'Angleterre d'Henri VIII grâce à deux qualités, pas plus, qu'il possédait cependant au plus haut point : sa fermeté et sa capacité à résoudre les problèmes. Peut-être avait-il une déontologie à lui, un fort sens de l'honneur et une instinctive grandeur d'âme, mais à l'époque les jeux de pouvoir étaient violents et il fit donc un usage plutôt sage et mesuré de ces vertus. Il s'était fait seul, donc, et avait conquis tout ou presque, mourant à l'âge de cinquante-cinq ans d'une façon qu'on ne peut que juger banale, pour quelqu'un qui faisait son métier : le bourreau lui coupa la tête (pas du premier coup, semble-t-il, ce qui compliqua un peu les choses).

Un héros aussi discret que Thomas Cromwell n'est pas ce qu'on attend d'un roman historique, et c'est là un premier signe du talent d'Hilary Mantel : l'avoir choisi, lui – ce qui la met d'emblée en situation d'observer la face cachée de l'Histoire à travers les yeux d'un personnage de second rang. C'est bien vu, car les rois, les papes et les Marie Stuart défilent dès lors à bonne distance, toujours dans un miroir et souvent évoqués par la voix des autres : ils sont donc légèrement flous et deviennent ainsi plus racontables. À ce choix judicieux, Hilary Mantel en a ajouté au moins deux autres dont je lui suis reconnaissant. Le premier, c'est de ne pas avoir renoncé à écrire bien. Et son écriture n'est pas si simple qu'on pourrait le croire, ce qui constitue un grand soulagement pour tout lecteur qui a beaucoup pédalé, car ça l'oblige à faire un minimum d'efforts et il y voit une marque de respect à son égard. Je pourrais dire qu'elle a du style et je ne serais pas loin du compte. C'est un écrivain, pas juste quelqu'un qui raconte une histoire. Enfin, elle a travaillé sur un corpus de connaissances infini, mais elle ne le souligne pas sans cesse. Elle a fait des recherches, mais ça ne se sent pas. Avec les années, c'est une chose que je n'arrive plus à tolérer : je ne pardonne pas à un auteur d'agiter sous mon nez les heures passées à la bibliothèque, à se documenter sur le terrain ou à interviewer des gens. En revanche, j'apprécie que l'effort se perde dans le flux du texte, qu'il se fonde avec le récit de manière imperceptible. Mais ceux qui n'ont pas la patience ou la capacité d'opérer cette fusion, je ne les supporte pas. Laisser à la surface d'un livre les traces des recherches qu'on a menées est une des choses les plus ridicules qui soient : j'ose dire que c'est du même niveau que les bretelles de soutien-gorge invisibles en plastique. (J'ignore si Hilary Mantel a déjà porté pareil accessoire, mais je sais que ce livre-là, non. *Thank you, Madam.*)

Dans l'ombre des Tudors, d'Hilary MANTEL, traduit de l'anglais par Fabrice Pointeau, Sonatine, 2013.

WOLFGANG SCHIVELBUSCH

La culture des vaincus[*]

Perdre, c'est une chose qui arrive, on le sait. Et donc, que quelqu'un se soit intéressé au problème promettait une forme de consolation.

L'idée de départ est fascinante : l'Histoire nous enseigne qu'à l'issue d'une guerre les vaincus font preuve d'une vitalité et d'une énergie créatrice dont les vainqueurs sont tout à fait dépourvus. Comme toujours, le premier exemple vient de la guerre par excellence, celle de Troie : tandis que les Achéens rentraient chez eux en triomphateurs, allant au-devant de tragédies en tout genre, les survivants troyens essaimèrent de par le monde — Énée donna naissance à Rome, Francion (l'un des fils de Priam) à la France et Brutus (le neveu d'Énée) à l'Angleterre. Ce sont des mythes, des légendes, dira-t-on, mais quand la tradition orale révèle certaines constantes, il est clair qu'il y a là une intime conviction ou une forme de certitude instinctive. Schivelbusch a pris cet élément au sérieux et a tenté de l'analyser, en se servant des *exempla* fournis par l'Histoire. Il s'est en particulier intéressé à trois vaincus célèbres : le Sud confédéré à l'issue de la guerre de Sécession, la France après la guerre de 1870 et l'Allemagne défaite au cours de la Première Guerre mondiale. Et il ne lui a pas fallu longtemps pour comprendre qu'en effet, dans ces trois cas, la défaite avait entraîné un besoin urgent de renaître et suscité une vraie capacité à forger l'avenir : des gens qui auraient dû être à genoux dansaient et pensaient se racheter par la liberté, par la force que seul un nouveau départ peut donner. Ceux qui le souhaitent pourront en tirer un certain réconfort face aux défaites du quotidien, plus limitées mais toujours douloureuses, et on peut aussi comprendre certains mécanismes psychologiques propres aux peuples en guerre ou aux communautés qui doivent faire face à une crise. Un des plus fascinants est le culte du mouvement, du dynamisme : puisque la guerre est généralement perçue, de manière presque irrationnelle, comme « un blocage soudain et mortel », l'instinct de base, quasi animal, nous pousse à la dépasser en nous remettant en mouvement de façon névrotique, obsessionnelle et parfois géniale. Ce qui séduit chez Schivelbusch (un universitaire qui aime à s'occuper de sujets comme les premiers trains ou l'invention de la lumière artificielle), c'est qu'il scrute ces mouvements de l'âme en étudiant les symptômes semés à la surface de la vie matérielle : concrètement, on reconstitue le sens du monde en se penchant sur le goût de la danse, sur l'extase provoquée par les premières autoroutes, sur l'invention du sport et l'utopie de la chaîne de montage. On apprend beaucoup de choses et le plaisir est garanti.

Je pourrais donner de nombreux exemples, pour notre plus grande joie à tous, mais en relisant le livre avant d'écrire ces lignes, je suis tombé sur des pages que j'avais lues rapidement, à l'époque, et qui m'ont à présent frappé par leur portée prophétique (l'ouvrage date de 2001), à la lumière de ce qui se passe là-dehors. Baissez le son et écoutez ça. Schivelbusch souligne qu'une guerre est toujours et en premier lieu une confrontation entre deux économies, il ne faut jamais l'oublier : on se bat pour savoir qui est le plus riche et c'est celui-là qui l'emporte. Par le passé, des facteurs tels que le courage ou le savoir-faire militaire autorisaient une certaine marge d'incertitude, mais dès la moitié du XIXᵉ siècle, les choses se sont figées, affirme Schivelbusch : « Les guerres totales de l'ère moderne ont toutes sans exception vu leur sort décidé par des facteurs économiques plutôt que militaires. La guerre est devenue un phénomène dans lequel les ressources humaines et matérielles sont lancées sur le champ de bataille pour y être consommées, jusqu'au moment où le camp le plus solide économiquement reste debout et l'emporte. » Jusqu'ici, je pouvais peut-être y arriver seul. Mais Schivelbusch va plus loin : « La Guerre froide a apporté une amélioration supplémentaire, en éliminant complètement le processus de destruction sur le champ de bataille et en alignant les économies des pays les unes en face des autres afin qu'elles s'affrontent. » Exact. En effet, je m'étais toujours demandé quel était le sens de ces gigantesques arsenaux nucléaires, alors qu'une seule ogive aurait mis fin au match : maintenant, j'ai la réponse. C'était pour se mesurer économiquement. Schivelbusch poursuit et nous rappelle la façon dont la Guerre froide s'est terminée, c'est-à-dire par la chute du mur de Berlin, un événement NON militaire : « La victoire du camp occidental à l'issue de la Guerre froide est la première qui ait été explicitement conquise avec les armes de l'économie. » Imparable. Il ne reste plus qu'à en tirer l'ultime conséquence : celle qui m'a fait bondir sur ma chaise.

Schivelbusch explique qu'à partir des années quatre-vingt-dix, conformément au processus qu'on vient de décrire, l'économie s'est substituée à la guerre dans l'imaginaire collectif et dans la pratique du combat politique. Je traduis : ce qui se passe là-dehors *ne ressemble pas* à une guerre, *c'en est une*. Pour employer les mots sans ambiguïté de Schivelbusch : « En Occident, la menace d'une extinction collective n'est plus liée à la guerre, mais à l'économie, avec le double risque d'une catastrophe environnementale et du chômage de masse. » Bingo.

Et donc, à présent je me demande qui nous a déclaré la guerre sans nous prévenir, qui a décidé d'attaquer l'Europe à partir du sud du monde et de cette manière invisible, aseptique, et dans quel pétrin nous sommes désormais fourrés. Je pense aux premières pages des journaux de 1914 et à celles qu'on peut voir aujourd'hui. Je pense aux gens qui, en 1944, raisonnaient en termes de sous-marins et de bombardements, et qui parleraient aujourd'hui de croissance et de déficit. Je ne m'affole pas, mais j'essaie de penser.

Et je crois bien que je vais chercher le numéro de téléphone de Schivelbusch. Il en a sûrement un, non?

Die Kultur der Niederlage : Der amerikanische Süden 1865. Frankreich 1871. Deutschland 1918, de Wolfgang SCHIVELBUSCH, Fest, Alexander Verlag, 2001.

CHARLES DICKENS

Les temps difficiles

Lorsqu'on est en danger, rien de tel qu'un Dickens pour avoir la vie sauve. N'importe lequel.

Si l'on met de côté *Les aventures de M. Pickwick* – un livre auquel je dois énormément, mais pour des raisons exclusivement privées et donc sans intérêt –, j'ai un rapport étrange avec Dickens : je l'adore, mais je n'aime pas particulièrement ses livres. Je ne veux pas dire que j'adore la personne et pas l'écrivain, non : j'adore sa façon d'écrire, lui seul possède une telle écriture, lumineuse et salvatrice. Mais il n'est pas un seul de ses livres que je pourrais qualifier de chef-d'œuvre et peut-être même aucun que je n'aie lu sans avoir dû fournir un certain effort. En fait, je les confonds un peu tous et, quand je pense à Dickens, à sa manière d'écrire, sans doute ai-je en tête un texte unique, splendide et démesuré, dont j'ai lu des passages çà et là, mais sans désir pressant d'en savoir beaucoup plus. J'ai le sentiment que *Les temps difficiles* m'a plu davantage que ses autres romans (au moins je l'ai fini), mais je ne pourrais en jurer. D'ailleurs, la raison pour laquelle j'en parle dans ces pages n'est pas sa beauté, dont je me souviens à peine, mais une circonstance fortuite : dans l'édition que j'ai lue, *Les temps difficiles* est suivi d'un court essai de George Orwell consacré à Dickens. Et ce texte-là, je me le rappelle très bien, car il est extraordinaire. C'est ainsi que j'ai découvert que le petit déphasage qui permet à la fois d'adorer la façon dont Dickens écrit et pas *ce qu'il écrit* est un phénomène qui ne concerne pas que moi. Mieux : en lisant ces pages, j'en suis arrivé à penser que c'était la seule manière correcte d'approcher l'œuvre du génie anglais.

Concrètement, l'essai d'Orwell pourrait s'intituler : « Pourquoi diable Dickens me plaît-il tant, alors que j'ai la certitude que ses livres ne tiennent pas debout ? » Je vous assure que c'est une lecture hilarante. La partie la plus intéressante et, par moments, déchaînée porte justement sur *ce qui ne tient pas debout*. Mais il faut savoir qu'il n'est pas une ligne de ce texte qui ne soit imprégnée d'une admiration aveugle et presque inconsolable pour Dickens. Plus Orwell le roue de coups, plus il est contraint d'admettre que cet homme était un génie. Et il faut voir quels coups ! Le message social des *Temps difficiles* ? « Une formidable banalité. » La trame de ses livres ? « La dernière chose qu'on se rappelle de ces romans, c'est ce qu'ils racontent. » Ses personnages ? « Ils n'ont aucune vie spirituelle. Au début, ce sont les silhouettes d'une lanterne magique, puis ils finissent par échouer dans un film d'énième catégorie. » En résumé : un auteur plutôt ignorant, un caricaturiste, un écrivain incapable de développer des personnages, un homme dont l'idéal de vie n'allait pas plus loin qu'une vieille maison recouverte de lierre, une femme douce et féminine, une flopée d'enfants et aucun besoin de travailler. Critique sociale : pas grand-chose, juste le rêve pathétique d'un capitalisme indolore. Sexe : « Presque entièrement hors de sa portée. » On ne s'étonnera donc pas qu'à peu près à la moitié de l'essai Orwell eût pris la peine d'écrire la phrase suivante : « À ce stade, quiconque aime Dickens et m'a lu jusqu'à présent ne peut qu'être furieux contre moi. »

Or, on n'est pas furieux contre lui, car il n'est pas une seule page de ce texte certes enragé qui ne soit une manière des plus sophistiquées de glorifier Dickens et son art singulier. C'est une façon assez perverse d'admirer quelqu'un, j'en conviens, mais si vous avez la patience de lire la citation que je suis sur le point de vous livrer ici, vous comprendrez que c'est une manière possible et même lumineuse. Ce sont dix lignes d'une intelligence qui m'a paru fulgurante. Dans le texte, elles sont précédées d'une courte page assassine dans laquelle Orwell démontre par-delà tout doute raisonnable que Dickens était tristement incapable de faire agir ses personnages et de les faire vivre normalement, ce qui explique pourquoi il se contentait d'esquisser de splendides figurines, pour ensuite les jeter directement dans quelque scène mélodramatique, la seule solution qu'il avait afin que quelque chose leur arrive. Voici ces dix lignes (les commentaires entre crochets sont de moi) : « Naturellement, il serait absurde d'affirmer que Dickens est un écrivain superficiel ou purement mélodramatique [*c'est ce qu'il vient de faire !*]. Une grande partie de ce qu'il écrivit est on ne peut plus réaliste et personne, peut-être, n'a jamais su égaler le pouvoir d'évocation de ses images. Quand Dickens décrit une chose même une seule fois, on la voit toute sa vie [*comme c'est touchant*]. Mais, dans un certain sens [*il y a donc un "mais"*], la dimension concrète de ses visions est précisément l'indice de ce qui lui manque [*quelle perfidie !*]. Car au fond, c'est ce que voit toujours le spectateur fortuit : l'aspect extérieur, ce qui n'est pas fonctionnel, la surface des choses. Seuls ceux qui ne sont pas vraiment intéressés par le paysage parviennent à voir le paysage [*n'est-ce pas génial, ça ?*]. »

En définitive, ne sachant plus à quoi se raccrocher afin de se convaincre lui-même que Dickens ne lui plaît pas, Orwell en appelle à Tolstoï, histoire d'avoir un terme de comparaison qui puisse pulvériser Pickwick et tous les autres. Pour le dire avec ses mots, « les personnages de Tolstoï sont en mesure de passer les frontières, tandis que ceux de Dickens peuvent être dessinés sur du papier à cigarette ». Pour ma part, j'échange volontiers tout *Guerre et Paix* contre trois pages des *Grandes Espérances*, et je ne vois aucun besoin de s'intéresser à cette baudruche de comte Vronski quand on peut se frotter à quelqu'un comme Snodgrass. Toutefois, je suis d'accord avec Orwell quand il dit que « nul n'est obligé de choisir entre

177

eux plus qu'il ne devrait se décider entre une saucisse et une rose ». Les roses, moi, je les ai toujours trouvées d'un ennui mortel.

Les temps difficiles, de Charles DICKENS, traduit de l'anglais par Andhrée Vaillant, Folio classique, Gallimard, 1985.

JON FOSSE

Melancholia I

Tombé dessus par hasard. Mais à l'évidence, avec un titre pareil, il m'attendait.

J'ignorais tout de ce peintre norvégien, Lars Hertervig, et je ne pourrais toujours pas prétendre en savoir bien long à son sujet. Ce que je peux dire, c'est que j'ai *vécu à l'intérieur de son angoisse*, car Jon Fosse m'y a conduit en me prenant par la main.

Hertervig était né en 1821 et le destin lui offrit une vie qui ressemble à un bréviaire de sensibilité romantique : artiste talentueux, il peignit quelques tableaux mémorables avant de devenir fou, comme il se doit. Puis il mourut seul et pauvre, histoire de ne rien faire à moitié. Naturellement, le monde ne prit conscience de sa grandeur que lorsqu'il fut six pieds sous terre, la signature d'une civilisation bien précise apposée au bas d'un crime parfait. Son sort est tellement stéréotypé qu'on a du mal à lui imaginer une vraie vie sous la surface du lieu commun : toutefois, un jour il m'est arrivé d'ouvrir un livre en français et, au début, je n'ai pas pu croire qu'il ait été écrit de cette manière, puis je me suis laissé entraîné – on aurait dit une marée – et c'est ainsi que je suis entré dans l'angoisse de Lars Hertervig, sans même lui demander son autorisation et certainement avec une lucidité dont il ne fut jamais capable, lui : voilà ce que peuvent faire les livres.

Quoi qu'il en soit, il ne serait rien arrivé si Jon Fosse (norvégien lui aussi, très connu comme auteur dramatique, moins comme romancier) n'avait écrit ce livre d'une façon singulière, parfois épuisante mais en définitive merveilleuse. Difficile d'en donner une idée, mais il vous suffira de savoir que son écriture fait deux pas en avant puis un en arrière, et qu'elle avance ainsi pendant des pages et des pages, repartant souvent du début, un geste qui ressemble à s'y méprendre au mouvement d'un pinceau qui passe et repasse sur une surface lisse jusqu'à la couvrir entièrement. D'ailleurs, c'est de cette façon-là qu'on vit, remarquera-t-on. Mais pas toujours en produisant la poésie, le son et le ballet qu'obtient Fosse dans ces pages, transformant une plongée féroce dans l'angoisse d'un homme en fête musicale. Spontanément, je ne plonge pas volontiers dans l'angoisse d'autrui, la mienne me suffit, mais lorsqu'un livre vous invite au bal et qu'il le fait avec une assurance si solennelle, il n'est guère aisé de rester là à faire tapisserie : on se lève et on danse.

Quant à Hertervig, il semble qu'il ait été particulièrement doué pour peindre les nuages, et je pourrais décrire le talent de Fosse en disant que son écriture se déplace comme des nuages qui s'agiteraient en eux-mêmes. Pas à travers le ciel, ce qui serait banal, moi aussi je peux le faire, mais en eux-mêmes, sur eux-mêmes, à travers eux-mêmes. En prenant parfois la forme d'un objet, la silhouette d'un morceau de vie. Comme si c'était là leur seule mission.

Je dois ajouter que dans la troisième partie du livre, la seule qui n'est pas directement consacrée à Hertervig et qui paraît même vaguement autobiographique, Fosse parle d'un écrivain – c'est-à-dire de lui, mais sous un autre nom, Vidme – et qu'il évoque un moment qu'il m'a été donné de bien connaître, celui où l'on comprend quel livre on doit écrire et où l'on cherche la force de le commencer. En l'occurrence, Vidme s'est persuadé en regardant un tableau d'Hertervig qu'il veut écrire un livre sur ce peintre, car examiner ce tableau l'a rapproché au plus près d'un certain mystère, d'une terre cachée ou d'une divinité secrète. Pour ma part, avec les années j'en suis venu à considérer mon métier comme un travail artisanal très sophistiqué, dans l'exercice duquel on réussit parfois à transférer sur la beauté de certaines surfaces des éclats lumineux qui viennent des profondeurs, ça et rien de plus. Mais je sais de quoi parle Vidme, c'est-à-dire Fosse, et je sais que c'est une ambition haute et noble, bien qu'illusoire, sans doute, et donc à poursuivre. C'est pour cette raison que je n'ai pas oublié une de ses phrases – une de ses phrases torrentielles – que je relis de temps en temps, un peu pour ne pas désapprendre à avoir les ambitions les plus hautes et un peu pour me rappeler d'où vient l'instinct d'écrire, contre toute logique et malgré l'éventuelle indigence du résultat. Je la transcris ici, afin qu'elle meure un peu moins : « Car lui, Vidme, un homme de trente-cinq ans dont les cheveux grisonnent déjà, pense qu'il a découvert une chose importante sur laquelle il doit régler sa vie, il s'est mis dans la tête que le fait d'écrire lui a fait toucher à quelque chose d'essentiel, quelque chose qu'il doit prendre en compte s'il veut continuer à vivre, et c'est pourquoi Vidme marche dans la pluie et le vent, et il pense que ce long travail d'écrivain a fini par lui apprendre quelque chose d'important, quelque chose que peu de gens connaissent, il a vu quelque chose que peu de gens ont vu, pense Vidme tandis qu'il marche dans la pluie et le vent, car si l'on délimite son territoire, si l'on travaille en profondeur un territoire délimité, on finira, à condition d'aller assez loin, d'aller assez profond, par voir quelque chose que la plupart des gens n'ont pas vu, et ce qu'il a vu, pense Vidme tandis qu'il marche dans la pluie et le vent, est le résultat le plus important de toutes ces années pendant lesquelles il a passé le plus clair de son temps à écrire. »

Melancholia I, de Jon FOSSE, traduit du norvégien par Terje Sinding, P.O.L, 1998.

MATTHEW STEWART

Le courtisan et l'hérétique. Leibniz,
Spinoza et le destin de Dieu
dans le monde moderne☆

C'est une amie qui me l'a prêté. Je lui avais dit : assez de
romans, je ne lirai plus que des essais. Je le dis souvent, et
parfois je le fais.

Dans ce long et virtuose exercice de l'intelligence
qu'on appelle histoire de la philosophie, certains
moments d'aventure absolue brillent d'un éclat particulier. Parmi ceux-là, il y eut la fragile période durant
laquelle quelques rares érudits réussirent l'exploit sen-
sationnel d'ouvrir une brèche dans le bloc compact de
l'ordre théocratique alors en vigueur, nous offrant dès
lors une chance de ne pas mourir entre les mains de
l'Inquisition. Certes, la science fournit un coup de main
décisif, mais le travail le plus raffiné fut l'œuvre des
philosophes, à qui revint la tâche de rassembler les morceaux d'une certitude collective en grand péril et de les
recoller pour en produire une nouvelle, susceptible de
nous aider à vivre. Puisque la Bible ne semblait plus être
le meilleur guide pour comprendre ce qui se passait,
il fallait en trouver un autre qui ne nous donnât pas le

sentiment d'être livrés au néant. C'était une entreprise non seulement très difficile, mais également fort dangereuse, car tandis qu'ils pensaient et écrivaient, autour d'eux le monde était encore rigidement théocratique, de sorte que, pour dire les choses simplement, on risquait sa vie en exprimant ses opinions. Soyons clairs : c'étaient des héros.

Une excellente manière de découvrir ce qu'ils accomplirent consiste à lire le livre de Stewart, consacré à deux figures qui, dans ce western de la pensée, étaient en quelque sorte les deux plus fines gâchettes de l'Ouest : Spinoza et Leibniz. Disons que Descartes leur avait procuré leurs colts et qu'eux tiraient mieux que les autres. Et, comme si leur histoire avait été écrite par un scénariste hollywoodien, les deux hommes occupaient des positions diamétralement opposées, un affrontement à la Borg contre McEnroe. Spinoza était hollandais et juif, il menait une existence monacale, loin de sa communauté qui l'avait exclu (ses idées heurtaient tout le monde), et vivait d'une activité sublime : il fabriquait des verres optiques pour les télescopes et les microscopes. Le soir, il se consacrait à un petit problème qui l'obsédait et qu'on pourrait résumer ainsi : qu'en est-il de Dieu, dans un monde où l'homme peut très bien s'en sortir seul ? Quand Spinoza mourut, il laissa en héritage un ducat d'argent, quelques pièces et un couteau. Ainsi qu'une pile d'écrits qui allaient changer la face du monde, bien sûr.

Leibniz, lui, était allemand et luthérien, il aimait l'argent et la célébrité, c'était un courtisan habile : un homme du monde. Ce fut sans doute le dernier génie universel : il s'intéressa à une longue liste de disciplines qui méritent d'être citées ici, chimie, chronométrie, géologie, historiographie, droit, linguistique, optique, philosophie, physique, poésie et théorie politique. Inutile de dire qu'avec un tel éclectisme il lui arrivait aussi de proférer de formidables inepties (dans sa jeunesse, il était plus ou moins convaincu que la Terre était faite de bulles), mais il reste le dernier et lumineux exemple de ce que signifiait être des savants, à une époque où le savoir était encore enfant (à présent il est adulte, et c'est la raison pour laquelle Steve Jobs nous a laissé l'iPhone, mais pas de traité sur l'angine de poitrine ou sur l'accouplement des chamois).

D'un point de vue théorique, ils venaient tous deux du même lieu, c'est-à-dire du futur : ils évoluaient dans l'espace que Descartes avait ouvert devant eux (celui que nous appellerions par la suite la *modernité*), et la découverte de la rationalité comme droit à revendiquer et voie à suivre pour l'humanité fut pour tous deux un voyage sans retour possible. Le problème était de conjuguer ce pas en avant avec une chose à laquelle personne n'était encore prêt à renoncer : Dieu. Spinoza, en particulier, avait la réputation d'être un athée, aussi dangereux que radical, mais ce n'était pas l'idée qu'il se faisait de lui-même et il ne parvint jamais à comprendre tout à fait comment les gens pouvaient penser cela de lui. (Sans doute aurait-il trouvé un certain réconfort dans la réponse qu'Einstein a donnée, longtemps après, lorsqu'on lui a demandé s'il croyait en Dieu : « Je crois dans le Dieu de Spinoza. ») De son côté, Leibniz s'en tirait mieux, car c'était un conservateur bon teint, un négociateur roué, une sorte de démocrate-chrétien du XVIIᵉ siècle. Et, à force de subtilités, il sut dresser un tel rideau de fumée que ce qu'il y avait d'hérétique dans sa pensée finit par disparaître derrière. À partir de la même interrogation, chacun suivit sa propre route, ce qui en fait deux personnages antagonistes, comme dans un film. Le scénariste a fait du bon travail : Spinoza, qui était un très bel homme, ne sortait jamais de chez lui, et Leibniz, qui ne ratait jamais une fête, était hideux. Et, bien sûr, ils ne s'appréciaient pas, même s'ils s'admiraient, à leur façon. Vous apprendrez peut-être avec intérêt qu'ils se rencontrèrent à une reprise, mais comment se termina le duel, ça, je ne peux pas vous le raconter.

Stewart, lui, l'a très bien fait. Lorsqu'il s'agit de reconstituer la vie quotidienne de ces deux-là, il sait se montrer brillant et léger comme il convient. Et quand il faut aller droit au but et expliquer ce qu'ils avaient en tête, il ne se défile pas, et je dois dire que même au lecteur peu préparé il sait fournir les clés de lecture de deux systèmes philosophiques qui ne plaisantent pas en matière de complexité. Je ne dis pas qu'on comprend tout. Ce qui est sûr, c'est qu'une fois la lecture terminée les idées de Spinoza me paraissaient plus claires que la notice du doliprane.

The Courtier and the Heretic : Leibniz, Spinoza, and the Fate of God in the Modern World, de Matthew STEWART, Yale University Press, 2007.

IAN MCEWAN

Sur la plage de Chesil

Quand j'ai vu que le livre était en tête des meilleures ventes, je me suis dit qu'il fallait lui rendre hommage...

Pour être franc, d'ordinaire je ne suis pas un grand fan de McEwan. Un peu trop maître d'école à mon goût, si vous voyez ce que je veux dire. Chez lui, on sent toujours cette atmosphère de cabinet médical : beaucoup d'ordre, une propreté impeccable. Avec un talent hors du commun, il tient cette forme de comptabilité de l'existence, juste au centime près, que les Anglais aiment à prendre pour de la grande littérature. Plus qu'il ne raconte, il aligne des chiffres, il multiplie et divise et, dans cet exercice, il est d'un soin presque virtuose. Souvent, il fait aussi des additions afin d'obtenir une sorte de résultat final, ce qui est déjà plus discutable (la vie n'est pas une opération qui tombe juste, que je sache). Toutefois, il le fait la plupart du temps par simple respect de l'ordre, comme s'il voyait là une obligation : dès lors, ce qu'on garde en mémoire, ce sont ces pages de chiffres en colonne, sans corrections ni erreurs, tel un graphique de l'existence, mais tracé à la main, d'une belle écriture et avec un certain sens esthétique, qu'expriment la dimension des signes, l'équilibre des espaces et l'élégance des symétries. C'est assez pour l'admirer, mais pas pour l'aimer – me semble-t-il.

Ce qui se passe, c'est que j'ai toujours un peu de mal face à cette littérature qui fait entrer la vraie vie dans un cadre, puis la démonte et l'analyse, avec l'air de pouvoir ainsi la restituer aux vivants, dans l'intention de leur montrer ce qu'ils font quand ils vivent. Comme de revoir des images au ralenti : les commentaires du lundi après le match du dimanche. Ma foi. Moi, pour commencer, je ne pense pas que la vie soit exacte au centime près, car nous sommes des machines bien trop approximatives. Dans un instant de notre existence, il ne se passe jamais toutes les choses qu'y voient les auteurs tels que McEwan. Je crois au contraire que si nous vivons à la dizaine près, c'est déjà beaucoup, et que le reste est un infini évanescent dont seuls les psychanalystes et certains écrivains britanniques pensent qu'il est de leur devoir de le ramener à une certaine clarté définitive. À mon avis, ceux qui écrivent des livres ont plutôt pour rôle de dépeindre la nature insaisissable de cet infini : un peu comme on fixerait à jamais sur une toile un reflet dans une flaque d'eau, sur la page il s'agit de donner une dimension éternelle à un voile de brume qui passe fugitivement au-dessus d'un lac. J'ai en tête ces phrases de Céline qui meurent au beau milieu et qui s'en sortent avec trois points de suspension : dans leur indigence, elles sont l'incarnation de tout ce qui, pour moi, mérite qu'on emploie le terme de « littérature ». Précisément parce que le vide dans lequel elles se perdent est celui, rempli de fantômes, dans lequel nous accomplissons tous nos gestes, qui ne sont jamais définitifs et sont toujours suivis de points de suspension (en général, ce sont les autres qui se chargent de les compléter, c'est ce qu'on appelle « avoir des relations avec autrui »). Dès lors, ce talent que McEwan possède au plus haut point me fait l'effet d'un savoir-faire sans doute pas vain, mais dans tous les cas artificiel et inopérant : on ne meurt pas moins si on le fait en gardant les yeux fixés sur son dossier médical. Au contraire, j'ai toujours pensé qu'il serait plus approprié d'examiner une certaine lumière sur un mur, pour peu qu'on sache l'immortaliser, ou le sourire indéchiffrable de quelqu'un qui est penché sur vous, à condition d'avoir encore un instant à disposition et des lunettes qui l'adoucissent.

Pourtant, *Sur la plage de Chesil* est un roman magnifique, je dois l'admettre, par la grâce de l'histoire qu'il raconte. L'habituel savoir-faire comptable de McEwan est toujours à l'œuvre, mais cette fois-ci j'ai trouvé le calcul auquel il l'applique tout simplement génial, non sans envie à son égard, dois-je reconnaître. Je ne suis pas vraiment en mesure d'expliquer pourquoi et peut-être ne le sais-je même pas, car c'est surtout instinctif. Mais la grandeur d'un écrivain tient pour moitié dans sa capacité à isoler un élément spécifique du monde et à repérer, presque dans le noir, celui qui renferme le monde entier (ou du moins une partie significative de celui-ci), et dans ce livre, l'élément particulier qui est démonté, estimé, mis en colonne et noté au centime près, c'est la nuit de noces de deux jeunes Anglais en 1962, à une époque où c'était encore une vraie nuit de noces, car c'était la première fois qu'on faisait l'amour et qu'on *devait* le faire, ce que vécurent alors de très nombreux jeunes gens, dont les parents de ceux qui ont mon âge, qui se sont retrouvés en situation d'improviser comme ces jeunes Anglais un geste qu'ils avaient le plus souvent appris à réprimer ou à craindre et qu'ils étaient contraints de faire cette nuit-là, privés de la moindre préparation technique et psychologique, rassemblant tant bien que mal des sensations telles que l'urgence, le dégoût, la peur et le désir. Et j'ai souvent pensé qu'entrer dans cette sorte de tabernacle surréaliste serait comme de posséder la clé permettant de déchiffrer nos parents. Je suis persuadé que dans chaque geste de cette nuit unique ils sont inscrits dans leur totalité et nous avec eux, comme dans une peinture sacrée runique dont toute leur existence et la nôtre peuvent se déduire. C'était peut-être une idée absurde et j'y ai effectivement songé pendant des années sans avoir de réelle certitude, mais *Sur la plage de Chesil* s'est bel et bien faufilé dans cette nuit, pour en tenir les comptes avec une minutie dont je n'aurais pas été capable, me restituant une pensée qui, jusque-là, en était à peine une, et qui est à présent un roman. Je sais qu'après McEwan je ne pourrai plus l'écrire, mais je mesure à quel point il a sommeillé en moi. (Il vaut bien mieux pour tout le monde qu'il l'ait écrit, lui, je n'ai aucun doute en la matière.)

Sur la plage de Chesil, d'Ian McEwan, traduit de l'anglais par France Pichon-Camus, Gallimard, 2008.

2 septembre 2012

AMBROSE BIERCE

Le dictionnaire du Diable

Découvert par hasard, dans une revue américaine destinée à de riches intellectuels. Que j'avais bien sûr achetée par erreur.

Drôle de type, cet Ambrose Bierce. Aujourd'hui, un siècle après sa mort, on se délecte volontiers de son humour, heureux d'avoir pêché une telle perle dans l'immense mer de l'oubli. Mais il ne faut pas exclure la possibilité que, de son vivant, il ait été insupportable : une de ces intelligences affilées qu'une touche de cynisme ou un excès de narcissisme condamne à l'exhibitionnisme pur et simple, je ne sais pas trop. Ce que je sais, c'est qu'il était originaire de l'Ohio et qu'il était né en 1842, dixième enfant d'un père qui leur avait donné à tous un prénom commençant par *A* (j'aime bien ces modestes tentatives d'imposer un ordre à l'existant). À quinze ans, il quitta sa famille et se mit à voyager, ce qu'il ne cessa pratiquement plus jamais de faire. Entre une chose et l'autre, il participa à la guerre de Sécession, écrivit de nombreux romans et nouvelles, rencontra Mark Twain (dont, sur les photos,

191

il semble être un frère plus beau, ce qui n'était pas le cas puisque Mark commence par *M*), devint un journaliste célèbre et rédigea des articles au vitriol qui lui valurent la distinction de « Wickedest Man in San Francisco » (l'homme le plus méchant de San Francisco). J'ignore s'il en tirait une quelconque fierté, mais ça l'obligeait à avoir en permanence un petit pistolet sur lui. Lorsqu'il fit sa tournée d'adieu (c'était en 1913 et il avait plus de soixante-dix ans), il visita les lieux où il s'était battu, puis il annonça qu'il allait au Mexique afin de jeter un coup d'œil à la révolution de Zapata et Villa. Enfin il disparut dans la nature. C'est la vérité : on n'eut plus aucune nouvelle de lui. La version la plus fiable prétend qu'il mourut dans une fusillade entre les révolutionnaires et l'armée régulière, mais elle relève un peu trop de l'hagiographie. D'après une autre version que je trouve délicieuse, il fut tué par Pancho Villa en personne, qui en avait assez de ce fichu Américain et de ses impitoyables sarcasmes. Signalons en outre que, d'après certains, il n'est jamais mort. Et, par souci d'équilibre, un chercheur a également affirmé qu'il n'avait jamais existé.

Parmi les nombreux ouvrages qu'il écrivit avant cette disparition en forme de pied de nez, figure en particulier ce dictionnaire, dont il prétendait qu'il était très utile, contrairement à tous les autres. J'ignorais son existence, jusqu'au jour où je suis tombé sur une de ses entrées dans une revue très chic achetée aux États-Unis. Il s'agissait du mot « langage ». Voici sa définition : *Musique au moyen de laquelle on charme les serpents qui gardent les trésors d'autrui.* Vous imaginez bien qu'à compter de ce jour je n'ai pu retrouver la paix avant d'avoir mis la main sur une édition italienne du dictionnaire (qui, chose incroyable, existait, même si c'était un choix d'extraits et non le texte intégral). Je l'ai ouverte et j'ai lu l'entrée « clarinette », que voici. *Clarinette (n. f.) : Instrument de torture. Ceux qui en jouent veillent à se mettre du coton dans les oreilles. Pire qu'une clarinette, il n'y a qu'une chose : deux clarinettes.* Après ça, je n'ai pas réussi à m'arrêter (et pourtant, j'adore la clarinette, quiconque aime Mozart l'adore).

Bien sûr, ce n'est pas le genre d'ouvrage qu'on lit du début à la fin. On le garde sur sa table de chevet, et les soirs où on est fatigué on en lit quelques passages. Aux toilettes aussi, c'est très bien. On l'ouvre au hasard et on lit. *Égocentrique (adj.) : Personne qui a le mauvais goût de s'intéresser à elle-même plus qu'à moi. Seul (adj.) : En mauvaise compagnie. Imagination (n. f.) : Stock de faits que se partagent le poète et le menteur.* Et ainsi de suite.

Certes, c'était un homme qui n'attendait de la vie pas grand-chose de bon. Ou peut-être faisait-il semblant, je ne sais pas. De fait, rien ou presque ne trouvait grâce à ses yeux. *Aider (v. tr.) : Donner le jour à un ingrat. Amitié (n. f.) : Navire assez grand pour transporter deux personnes par beau temps, une seule quand il fait mauvais. Amour-propre (n. f.) : Amour mal placé.* De façon générale, je n'aime pas beaucoup cette forme de cynisme brillant, mais je suis prêt à la pardonner et à l'admirer chez quiconque est en mesure de l'exercer avec un tel sens de la synthèse. Bierce l'était. *Applaudissement (n. f.) : Écho d'une banalité.*

Lorsqu'on n'en peut plus, on referme le livre, qui se

perd ensuite dans les méandres de la maison et disparaît pendant des mois, jusqu'au jour où il refait surface, porté par de mystérieux courants souterrains, et il vous attend là, sachant que tôt ou tard vous serez trop fatigué pour ouvrir le livre que vous lisez, mais pas assez pour vous contenter d'une bande dessinée et moins encore pour éteindre sans rien lire du tout. Au meilleur moment, vous le retrouverez entre vos mains : Salut Ambrose, ça pulse? Toujours en vadrouille au Mexique? Voyons, de quoi vas-tu te moquer aujourd'hui?

Nihiliste (n. m.) : Russe qui nie l'existence de tout, sauf de Tolstoï. Le chef de cette mouvance est Tolstoï.

Allons, Ambrose, ne dis pas n'importe quoi.

Authentique (adj.) : Vrai, réel. Par exemple : contrefaçon authentique, hypocrisie authentique, etc.

C'est mieux. Mais tu n'aurais pas quelque chose de spécial? Ce soir, j'en ai bien besoin.

Photographie (n. f.) : Peinture réalisée par le soleil, dans la plus totale ignorance des rudiments de l'art.

Quelque chose de *vraiment* spécial, je voulais dire.

Pull-over (n. m.) : Je n'ai pas la moindre idée de ce que c'est.

Parfait. C'est exactement ça. Merci!

Le dictionnaire du Diable, d'Ambrose BIERCE, traduit de l'anglais (États-Unis) par Bernard Sallé, Rivages, 1989.

HÉRODOTE

Histoires

Pour autant que je me souvienne, elles ont toujours été sur ma table de chevet ou sur mon bureau, et j'ai l'intention de mettre une vie entière à les terminer.

Pour commencer, le terme « histoires » vient de là et ne semble pas avoir été employé avant Hérodote. Qui, il faut le préciser, l'employait dans un sens légèrement différent du nôtre : le terme grec dont il se servit (et dont dérive notre *histoire* à nous) signifiait pour lui *enquête, recherche.* Voilà ce qu'il aimait faire : *enquêter.* Il se posait des questions (des montagnes de questions) et enquêtait pour leur trouver des réponses. C'était le type même de l'individu tatillon qui ne se contente jamais des explications du manuel et qui lève tout le temps la main pour avoir des précisions : qu'il s'agisse des crues du Nil, des guerres de conquête menées par les Perses ou des étranges habitudes sexuelles des Babyloniens, cela ne faisait guère de différence. Tout l'intéressait. Une phrase parmi beaucoup d'autres résume le personnage : « Comme je voulais savoir, j'ai demandé. »

Quiconque devait voyager avec un énergumène pareil finissait sans doute par se pendre.

Pourtant, si ce terme (histoires) est devenu un nom qui évoque la beauté et l'art de raconter, nous le devons sans doute aussi à lui, le voyageur tatillon : l'écart entre le compte rendu du détective et le récit du romancier, c'est lui qui a commencé à le combler, passant de Sherlock Holmes à charmeur de serpent. Car si les questions qu'il se posait étaient obsédantes et vaguement ennuyeuses, ce n'est pas le cas du matériau qu'il rassembla en s'interrogeant. Demandez des explications à la terre et vous en tirerez des trésors inimaginables : c'est la première leçon d'Hérodote. À une époque où se poser des questions était l'essentiel de ce que faisait un savant, il inventa la magie et la splendeur des réponses. Le spectacle des réponses. Il fut le premier à s'en émerveiller, puis il sut communiquer sa stupeur à son public. Aujourd'hui encore, on lit Hérodote, et toutes les deux pages on a envie d'attraper le premier qui passe pour lui dire : « Eh, écoute un peu ça... » Par exemple, voici comment les Illyriens résolvaient le problème du mariage (qu'il ait pu s'intéresser aux Illyriens donne déjà la mesure de son talent). Voici ce qu'ils faisaient : ils invitaient les jeunes filles à marier à se disposer en rang sur une place, par ordre décroissant de beauté, de la plus belle à la plus imprésentable. Puis ils mettaient la plus belle aux enchères : le plus offrant la ramenait chez lui et l'argent récolté était mis de côté. Quand on arrivait à celles du milieu, les offres se faisaient plus rares. Et il arrivait toujours un moment où personne ne levait la main pour Gina. Alors on prenait

196

l'argent mis de côté et on faisait des enchères inversées : Gina plus compensation. Celui qui savait se contenter de peu l'épousait. Si on avait la patience d'attendre jusqu'au bout et qu'on était atteint de cécité, on pouvait même repartir avec les poches pleines. « L'argent venait des belles jeunes filles, qui procuraient un mari aux laides et aux estropiées », note Hérodote avec satisfaction. Si l'on renonce l'espace d'un instant au dégoût qu'inspirent les méthodes sexistes de l'époque (mais ils étaient ainsi, on ne peut rien y faire), on a une idée de ce qu'Hérodote donnait à son public : des histoires à raconter.

Bien sûr, il faudrait se demander : était-ce *vrai*? Les Illyriens faisaient-ils *vraiment* ça? Et là, le débat s'ouvre, car Hérodote était certes tatillon, mais il avait aussi le sens du spectacle : de temps en temps, il aimait raconter des bobards gigantesques ou d'impressionnantes âneries (d'autres fois, en revanche, il confondait tous les raconteurs de bobards de son temps). En somme, il n'était pas très net en matière de vérité. Certes, on se dit que s'il faut choisir entre un demi-bobard très beau et une demi-vérité assommante, il n'y a guère à hésiter. Ce qui nous permet d'entrevoir l'aurore d'une splendide faiblesse qui conduirait à la longue un terme signifiant *enquêter* à désigner le geste magnifique et vaguement roublard consistant à *raconter des histoires*. C'étaient des histoires dans le sens où nous l'entendons, nous, et au fond il le savait, c'est sans doute ce qui lui plaisait. (D'ailleurs, nous avons des raisons de penser qu'il lisait ses histoires devant un public payant, ce qui rend les choses plus claires, que cela nous plaise ou non.)

J'ajoute que nous ne serions probablement plus là à le lire si Hérodote n'avait accompli le geste miraculeux de leur donner une forme cristalline, transparente, rapide et pure comme l'air vif du matin. Une cure thermale pour lecteurs intensifs. Si vous sortez par exemple d'un livre de Christa Wolf ou de Thomas Bernhard avec encore toutes les toxines dans le corps, reprenez Hérodote, et tandis que vous laissez couler le récit de la façon dont les Scythes vidaient le crâne de leurs ennemis vaincus au combat puis le posaient sur la table, voici que revient une sorte de légèreté primordiale et qu'affleure la sensation d'un retour aux origines, quand tout était encore simple et, d'une certaine manière, intact. Parfois, c'est ce dont on a besoin. Après ça, reprendre la route est un jeu d'enfant.

Histoires, d'HÉRODOTE, traduit du grec par Pierre-Henri Larcher, Paléo, 2011.

AGOTA KRISTOF

La trilogie des jumeaux

Une fois que j'eus compris qu'il ne s'agissait pas d'Agatha Christie mais d'Agota Kristof, j'ai dû capituler devant tous ceux qui ne pouvaient pas croire que je ne l'eusse jamais lue.

Après s'être rafraîchi un peu avec Hérodote, comme je l'écrivais précédemment, on peut se remettre à affronter des textes plus ardus. Par exemple cette *Trilogie des jumeaux*, le livre le plus triste qu'il m'ait été donné de lire. Mais triste n'est pas le mot qui convient, c'est un adjectif qui appartient à une sphère sentimentale un peu trop bourgeoise et comme il faut. Seul un type comme moi peut qualifier Agota Kristof de *triste*, j'en suis conscient. Je vais donc aller plus loin ou du moins essayer de le faire. Agota Kristof dit l'horreur du monde, la tragédie d'exister et la férocité de l'homme. Et en la matière, pour ce que j'en sais, elle est la meilleure. Personne d'autre ne sait le faire aussi bien qu'elle.

Il faut rappeler qu'une des ambitions qu'on aime attribuer à la littérature est en principe celle-là : avec une maîtrise sans concession, s'enfoncer dans le cœur fétide du monde et parvenir à l'exprimer. Pour beaucoup, dans son acception la plus haute la littérature est ou devrait être cela. Une sorte d'antirécit qui démasque la représentation positive du monde fournie par d'autres. Mais je tiens à souligner qu'un tel précepte est suivi par une très grande partie de la littérature de qualité d'une manière indirecte qui n'est pas éclatante et pourtant indéniable. Disons que c'est une littérature plus douce et conciliante. Mais on ne le comprend qu'en tombant sur Agota Kristof : on lit ses livres, et beaucoup d'autres qui sont assurément des blessures ouvertes ou recousues dans d'atroces douleurs apparaissent alors comme de simples distractions. Tout Céline devient le délire d'un sympathique clochard, une fois qu'on a trempé dans la *Trilogie des jumeaux,* Proust quelqu'un qui avait trop de temps libre, Salinger un inoffensif auteur pour la jeunesse et Faulkner une baudruche sudiste. Ils ne sont évidemment pas cela, mais en lisant Agota Kristof, on y croirait presque. Même *La route* de Cormac McCarthy (un livre au climat d'horreur sans égal) finit par être insupportable : si on doit recourir à tout cet arsenal de férocité et de situations extrêmes pour dire l'horreur de l'humanité, alors on n'est pas un vrai écrivain.

Dès lors, la question est : comment fait (faisait, hélas) cette femme pour obtenir ce résultat absurde ? J'imagine que la réponse est complexe, mais j'en connais au moins une partie : elle y arrivait parce que c'est ainsi qu'elle écrivait. Avec une rigueur unique. Un contrôle total. Une assurance déconcertante (on ne trouvera pas un seul adjectif ajouté là par manque de courage).

Une force invisible. Une confiance inébranlable dans la justesse des mots simples. Un dégoût constant pour tout ce qui n'est pas strictement indispensable. Une vision monacale de la beauté. Pour vous faire une idée, prenez les premières lignes du troisième volume et lisez. Observez les verbes. Quatre-vingt-dix pour cent d'entre eux sont tout simplement les verbes être ou avoir : elle est, ils sont, il y a. Maintenant, essayez de raconter une quelconque histoire ou de décrire une situation au hasard en n'employant que ces deux verbes, pas un de plus : essayez de dire le monde avec eux seuls (toute l'histoire littéraire pourrait se résumer au savoir-faire technique qui nous a permis de les remplacer par d'autres). Imaginez un récit dans lequel le verbe le plus précis que vous pourrez trouver sera toujours le verbe être : bienvenue dans le monde d'Agota Kristof.

Naturellement, on pourrait résumer tout ça par un terme : « froideur ». Mais d'après moi, c'est au contraire l'écrivain qui a définitivement démasqué la froideur comme tic littéraire. C'est elle qui nous a enseigné une fois pour toutes qu'il existe effectivement dans l'écriture un processus de soustraction possible, produisant deux résultats opposés : chez les médiocres, la froideur, et chez les grands écrivains, la vérité. (Il va de soi que dans un monde livré aux médiocres, les deux choses sont souvent et tragiquement équivalentes.) Et elle était tout sauf médiocre.

Ce qui, du reste, nous amène à une question concernant l'effet de vérité qui transpire de ses pages. Est-ce vrai ? se demande-t-on. L'humanité est-elle si horrible ? N'est-ce pas encore une projection littéraire, un tic, un artifice bien camouflé? Si on est aussi méchant que ses personnages, on doit se la poser. Et voici ce qu'elle répond : deux personnes sont face à face et, à un certain moment, l'une d'elles dit qu'elle écrit. Quoi? demande l'autre. Ça n'a pas d'importance, répond la première. Mais l'autre insiste : j'aimerais savoir si vous écrivez des choses vraies ou des choses inventées. Et la seconde dit : « Je peux vous répondre ceci : j'essaie d'écrire des choses vraies, mais, à un certain point, l'histoire devient insupportable justement en raison de sa vérité, alors je suis obligé de la modifier. Je peux vous dire que j'essaie de raconter mon histoire, mais que je n'y arrive pas, je n'en ai pas le courage, ça fait trop mal. J'embellis tout et je décris les choses non comme elles se sont passées, mais comme j'aurais voulu qu'elles se passent. » Voilà, énoncée en quelques phrases, une splendide théorie de la littérature. Écrire des livres signifie freiner des quatre fers devant la vérité après l'avoir reconnue. C'est la beauté d'un pas en arrière, c'est un pas de danse et un geste animal. Qui, naturellement, devrait être interdit à quiconque n'a pas la peur et l'élégance nécessaires.

La trilogie des jumeaux (*Le grand cahier*, *La preuve* et *Le troisième mensonge*), d'Agota KRISTOF, Points, Seuil, 2006.

GEORGE L. MOSSE

Les racines intellectuelles du IIIe Reich

Si tu ne le lis pas, tu ne comprendras jamais le nazisme, m'avait-on dit. C'était un peu catégorique, mais pas très loin de la vérité.

C'est sans doute banal, mais la question que l'on continue de se poser au sujet du nazisme est de savoir ce qui l'a rendu possible. Comment une chose pareille a-t-elle pu arriver au cœur de la vieille Europe civilisée, savante et raffinée? Et surtout, comment des gens on ne peut plus normaux, des personnes de bon sens, ont-ils pu devenir des nazis convaincus : des médecins par qui on se serait tranquillement fait opérer des amygdales, des voisins qui apportaient aux réunions de copropriété un gâteau préparé à la maison dans l'après-midi, de sympathiques domestiques à qui on aurait confié ses enfants sans hésiter un seul instant? Quelle sorte de folie les a donc frappés?

Le livre de Mosse propose une réponse à cette question, et je dois prendre acte du fait qu'aucune autre avant la sienne ne m'avait semblé aussi apaisée, intelligente et crédible. Si je devais la résumer brutalement, je dirais ceci : ce n'était pas de la folie, c'était l'adhésion passionnée à une idéologie qui, comme par magie, rassemblait des idées et des convictions circulant depuis longtemps dans le système sanguin de la mentalité allemande. Ce n'était pas une *maladie* mentale, c'était une *construction* mentale dont les éléments venaient de très loin. Pour comprendre le nazisme, il faut connaître presque deux siècles de mentalités allemandes.

Si on le fait, et Mosse l'a fait, on découvre les nombreux affluents qui, souvent sans le savoir, se sont jetés dans le fleuve dévastateur du nazisme, venus des montagnes ou des collines de la sensibilité allemande : toute la tradition romantique, une certaine veine mystique, les vieux mythes germaniques, le culte de la nature, certaines théories bizarres sur les races et le destin, le nationalisme patriotique qui avait augmenté sans frein tout au long de la genèse de l'Allemagne unie, le désir de trouver la sécurité dans le sentiment d'être un *peuple* et non de simples individus, la tentation de l'antisémitisme, l'adoration vouée à une certaine élite dorée, la théorisation de la jeunesse comme feu sacré dans lequel régénérer la pureté de l'existence, Nietzsche et Hölderlin, le nudisme et le mythe du paysage rural, le culte de la beauté masculine et la passion du chant polyphonique – il y avait tout ça, dans l'incubatrice allemande, et depuis longtemps. Mais il faut aussi comprendre que chacun de ces éléments en soi n'avait pas le nazisme pour épilogue nécessaire et inévitable : telles des boules sur la feutrine verte de l'Histoire, ils auraient pu rouler un peu partout. Ce que fit le nazisme, c'est de les enfiler dans le même trou, donnant naissance à un unique système mental puis politique qui condensait de nombreuses passions allemandes dans l'ordre sphérique d'un même projectile. Par exemple : Nietzsche – un penseur chez qui le nazisme trouva beaucoup d'eau à apporter à son moulin –, je l'ai étudié cinquante ans plus tard sur les bancs de l'université, car c'était le noble inspirateur du postmodernisme européen, et je vous jure qu'il était considéré plutôt de gauche. Quant aux nombreux représentants de ces mouvements, ils auraient sans doute été condamnés à l'enfermement ou à l'exil s'ils avaient dû vivre *pour de bon* sous le nazisme : d'une certaine manière, ils ont fourni les briques servant à bâtir une prison dans laquelle ils auraient fini par être jetés eux-mêmes. En disant cela, je ne veux pas signifier que les Allemands étaient tous bons et que seuls les nazis étaient mauvais, je veux dire ceci : « Regardez cette merveille, l'histoire de la culture, regardez comme les idées voltigent, quel spectacle extraordinaire que celui des hommes occupés à semer idées et passions, avant que quelqu'un ne les récolte et n'en remplisse les greniers de l'Histoire : de nourriture souvent avariée. »

Naturellement, devant ce spectacle, il faudrait tirer certaines leçons, ne serait-ce que pour éviter de refaire les mêmes erreurs. Et là, c'est plus compliqué. Que nous dit Mosse ? Que découvre-t-il, lui, qui puisse nous aider à ne pas recommencer ? Moi, j'ai appris une chose qui relève de la statistique : *tous* les mouvements de pensée qui, d'une façon ou d'une autre, finirent par converger vers le nazisme *naquirent en tant que rébellion contre une quelconque modernité.* Ils naissaient tous de l'idée que l'incursion soudaine du futur vidait l'homme de ses principales valeurs, le privant de son authenticité. Certes, ce n'était pas une idée stupide : souvent, en effet, le progrès emporte l'homme loin de lui-même. Mais le type de réaction suscitée est bien moins acceptable : l'instinct de redonner une certaine pureté à l'humanité, en se mettant à l'abri des mutations dictées par le temps. Ainsi, ce qu'il m'est apparu essentiel de retenir chez Mosse, c'est un verdict qu'il faudrait prendre au sérieux : aussi longtemps que le reflet de l'apocalypse qu'a constitué le XXᵉ siècle sera perceptible, ce devrait être pour les hommes un impératif catégorique de ne pas répéter cette erreur, celle de se figer devant la modernité, puis de la suspendre dans le temps vide et dangereux d'un retour aux origines. La dernière fois que nous nous sommes réchauffés au feu d'une telle utopie, nous avons provoqué un désastre colossal. Nous ne ferons pas pire, c'est sûr, mais à condition d'accepter toute modernité comme un champ ouvert sur lequel remettre en jeu ce que nous croyons. Pas un fossé devant lequel fuir, mais une carte qui se dessine et sur laquelle ce sera un honneur d'inscrire notre nom, toute notre histoire et la beauté que nous avons connue.

Les racines intellectuelles du IIIᵉ Reich, de George L. Mosse, traduit de l'anglais (États-Unis) par Claire Darmon, Calmann-Lévy, 2006.

ROBERTO BOLAÑO

2666

En Espagne, on m'en avait parlé comme d'un livre légendaire.
Lorsqu'il a enfin été traduit en italien, j'ai compris pourquoi.

Je me rappelle très bien le message qu'un ami (Dario Voltolini, qui est aussi un magnifique écrivain) m'a envoyé quelques semaines après que je l'eus sommé de lire *2666*. Il disait : « Lu Bolaño. Changé de métier. » Difficile d'être plus juste et concis. En général, quand on écrit des livres, lire ceux de ses contemporains fait du bien à l'estime de soi. Parfois ça stimule et pousse à relever le défi, et il arrive aussi que cela vous permette d'entrevoir vos limites. Mais il est rare que cela vous écrase. Cette vilaine expérience, je ne l'ai vécue que deux fois : avec David Foster Wallace et avec Bolaño. Vous me direz : ils sont morts tous les deux. Si l'on s'en tient aux faits, vous avez raison. Pourtant, je choisis quand même de les ranger parmi les vivants, car lorsqu'on s'en va en laissant derrière soi une œuvre encore brûlante, cela signifie qu'on n'est pas vraiment mort, du moins pas pour moi. Ces deux-là, donc. Que, pour bien des motifs, j'ai de plus en plus tendance à réunir dans mon souvenir, mais seulement en partie du fait de leur disparition prématurée, bien plus en vertu d'autres caractéristiques qu'ils partagent et qui les placent au-dessus du lot : la désinvolture, la démesure, l'impudente démonstration de talent. Leurs meilleurs livres contiennent bien plus qu'il n'eût été nécessaire pour justifier l'affirmation suivant laquelle ce geste-là, ils le faisaient beaucoup mieux que les autres. À l'évidence, ils n'écrivaient pas pour se hisser dans les listes des best-sellers, mais pour s'élever à la hauteur de leur talent.

À présent, sans doute devrais-je expliquer en quoi consiste la magnificence de *2666*. Mais je préfère remettre ça à plus tard et signaler ici ce qu'il convient de savoir à propos de sa genèse. Pour commencer, ne me demandez pas pourquoi il s'intitule ainsi, personne ne le sait. Peut-être Bolaño le savait-il, mais ce n'est pas certain non plus. Autre chose : *2666* n'est pas un, mais cinq livres. C'est une affaire curieuse, un de ces cas où un auteur se comporte comme l'un de ses personnages (une circonstance qui plaît beaucoup aux lecteurs et irrite au contraire les écrivains). Au début des années quatre-vingt-dix, Bolaño avait la quarantaine et apprit qu'il ne lui restait pas long-temps à vivre (ses médecins le lui avaient dit, pas une chiromancienne de la Piazza Navona). Il avait une com-pagne et deux enfants, et il décida donc d'écrire une série de livres qu'il mettrait de côté afin qu'ils paraissent un par un après sa mort, ce qui constituerait une source de revenus pour sa famille (je vous l'avais dit : c'est digne d'un personnage de ses romans). Puis il mourut effective-ment en 2003, à l'âge de cinquante ans, et une fois qu'ils eurent lu ces cinq inédits, ses ayants droit considérèrent qu'ils n'en formaient qu'un et décidèrent de les publier tous ensemble sous le même titre, assumant une grande responsabilité. Le résultat est donc un unique roman qui en contient cinq : le lien entre eux est généralement mince, parfois clair et souvent inexistant. Une proximité distante. À vrai dire, je n'en ai lu que quatre sur cinq. Le dernier, je l'ai gardé pour plus tard, un peu parce que j'étais écrasé, comme je l'ai dit plus haut, et un peu parce que ça m'a semblé être un hommage tardif, mais sincère, aux intentions de Bolaño.

Alors que j'étais emporté par la lecture du premier, il se trouve que quelqu'un m'a demandé : de quoi ça parle ? Je me rappelle très bien ce que j'ai répondu : je ne sais pas, ça n'a pas d'importance. Aujourd'hui, j'y reviens et j'aimerais reconstituer le long processus mental que j'ai fini par résumer en dix mots, car si j'en étais capable, je pourrais alors dire que j'ai su vous expliquer ce qu'est la beauté de ce livre. Mais ce n'est pas facile. Je me souviens que le point de départ était l'écriture de Bolaño, divinement fluide et d'une précision imparable : comme si chaque chose était destinée naturellement et depuis toujours à se changer en phrases. Aucun effort apparent, aucune friction. Claires, fraîches, telle de l'eau qui coule : pendant des pages et des pages, collectionnant grandes histoires et détails infimes sans que rien vienne le moins du monde troubler la surface de cette eau. À ce niveau de limpidité, le vrai spectacle, c'est la manière dont les récits sont disposés l'un derrière l'autre, ou l'un dans l'autre, avec une douceur qui n'appartient pas à la vie et qui, dans les livres, est toujours le résultat d'un processus. En l'occurrence, c'était une chose qui se substituait aux autres processus : un délicieux état de fait. Et donc, tout en signalant que le livre était rempli d'histoires (à vrai dire, il régurgitait les histoires avec la plus grande désinvolture), quand on m'a demandé de quoi il parlait j'ai répondu comme le ferait quelqu'un qui serait penché au-dessus d'un puzzle de deux mille pièces à la question : qu'est-ce qu'il représente, des montagnes suisses ou un Rembrandt? Je ne sais pas, ce n'est pas important. Ce qui l'est, c'est la façon dont les pièces s'emboîtent délicatement. C'est la promesse déraisonnable et pourtant tenue qu'à chaque pièce de l'existant d'autres s'ajoutent pour l'accompagner, et qu'elles le fassent avec une douceur directement proportionnelle à l'effort de les dénicher parmi les autres.

Quoi qu'il en soit, *2666* n'est ni un tableau de Rembrandt ni un paysage des montagnes suisses. Je crois que c'est quelque chose comme *Le mal*. Mais je n'en jurerais pas. *Le mal et les délices de la vie*, peut-être. Ou *Le mal et les mystères de la vie*. Enfin, je ne sais pas trop. Peut-être pourrai-je vous le dire quand j'aurai terminé le puzzle. Si c'est le cas, je vous préviendrai.

2666, de Roberto BOLAÑO, traduit de l'espagnol (Chili) par Robert Amutio, Folio, Gallimard, 2011.

VICTORIA DE GRAZIA

L'empire irrésistible.
La société de consommation américaine
à la conquête du monde☆

J'ai sauté dessus quand j'ai compris qu'on m'y expliquerait
pourquoi j'avais appris à lire dans le Journal de Mickey.

C'était peut-être en allant au cinéma. Ou le jour où j'ai eu besoin de six verres à vin. Ou encore avant-hier, à la recherche d'un râteau. Toujours est-il que, tôt ou tard, on se retrouve dans un de ces immenses centres commerciaux, ces mondes enfermés dans des bâtiments anonymes regorgeant d'une humanité mélangée, à la joie indéchiffrable et au désespoir illisible. Comme on le sait, je déteste les apocalypses sur canapé et ça me désole donc un peu de le remarquer, mais devant ce spectacle, on a l'instinct irrépressible de songer au désastre. Puis on y réfléchit et tout rentre à peu près dans l'ordre. Mais dans un premier temps, on ne peut pas ne pas se demander comment on a pu se laisser distraire et permettre que tout cela arrive. Et quand, précisément.
    J'ai lu *L'empire irrésistible* et j'ai la réponse. Pas le jour, mais l'année. 1957. Lorsqu'un certain Richard

W. Boogart a passé Milan au peigne fin pour trouver le meilleur endroit où bâtir ce qui semblait alors être une utopie, mais allait devenir le début de tout : le premier supermarché en Europe. Boogart venait du Kansas, il travaillait pour Rockefeller et, chez lui, il se baladait en Cadillac, un Stetson sur la tête. À Milan, il circulait à pied ou, dans le meilleur des cas, en Fiat 500. Ses hommes et lui trimaient comme des forçats, et quelques années plus tard, le supermarché finit par ouvrir pour de bon : ce fut le célèbre Esselunga.

Mais afin de mesurer la portée de cet événement, il faut imaginer l'effet qu'un supermarché pouvait susciter, à l'époque, dans un monde sans supermarchés. Je vous aide : dans ce supermarché, on pouvait prendre les produits soi-même. C'était une chose tellement absurde que, pour la définir, on eut recours à une expression américaine : self-service. En théorie, c'était un pas en arrière : au lieu d'être servi, on devait se débrouiller seul, sans que personne vous explique quoi que ce soit, et même pousser son chariot – il ne manquait plus qu'on ait à laver par terre. On ne vous livrait pas à domicile, on ne vous saluait pas par votre nom et personne ne connaissait vos goûts. Sur le papier, c'était donc une ânerie. Mais les prix étaient un peu plus bas, les rayons remplis de marchandises, la lumière bien conçue, la disposition des produits assez spectaculaire. Le chariot avançait avec fluidité sur le sol propre et, pour une raison difficilement compréhensible qui avait sans doute à voir avec une quelconque publicité ou un film américain du dimanche soir, en le poussant on se sentait dans le coup, soudain autorisé à s'arrêter ici ou là, à prendre ceci plutôt que cela, plus libre, peut-être (oui, *libre*), un citoyen libre de choisir ce qu'il voulait et en mesure de le faire. Faire les commissions devenait une sorte de plaisant exercice de modernité, d'intelligence, d'indépendance et de démocratie.

La presse de l'époque rapporte tout de même que les premiers temps ne furent pas simples, car les Italiens étaient plus pauvres et moins malléables qu'on ne l'avait imaginé. On diminua la taille des chariots, on ajouta un rayon glaces et un stand de produits frits, et dès lors le succès fut inéluctable. Richard W. Boogart comprit qu'il avait réussi quand, portés par l'enthousiasme, sept aveugles d'un hospice de Florence vinrent « voir » son supermarché. La partie était gagnée. Depuis, ça n'a pas cessé : le premier hypermarché en Europe date de 1963 (un Carrefour, en France), et un an plus tard, près de Francfort, ce fut le premier centre commercial hors des États-Unis. Ce qui nous ramène au moment où je cherchais six verres à vin, à ma sensation de désastre, etc.

On me dira : n'y eut-il donc personne pour songer aux risques que comportait cette nouveauté ? À ce sujet aussi, le livre de Victoria De Grazia est très instructif. Lorsque Boogart ouvrit ses supermarchés, il eut un tas de gens contre lui. Beaucoup défendaient leurs intérêts (le boucher du coin), d'autres voulaient profiter de la situation (un réflexe typiquement italien) et d'autres encore en percevaient déjà les implications idéologiques, c'est-à-dire la percée silencieuse du modèle culturel américain (les communistes, alors nombreux dans le pays). Mais personne ne sut trouver d'argument vraiment convaincant contre l'ouverture des supermarchés. Bien que doués pour ce genre de choses, les communistes ne trouvèrent rien à dénoncer, sinon le fait que les supermarchés ne fassent pas crédit et pénalisent donc les plus pauvres, ceux qui payaient aux petits commerçants ce qu'ils pouvaient quand ils le pouvaient : c'était un peu court, si l'on voulait faire barrage à la vague de la modernité. Ainsi, l'absurde invention du supermarché apparut comme un geste contre lequel il n'y avait rien à faire et, à la longue, un de ceux qui permirent à l'Amérique de remporter la bataille culturelle et économique qu'ils disputaient face à nous sur l'échiquier européen. Cette partie relève désormais de l'Histoire, et la parcourir comme le fait ce livre signifie comprendre en quoi le Rotary Club, le lave-linge, les produits nettoyants, le western, la publicité et les promotions trois pour le prix de deux n'étaient que des pions blancs manipulés par une sorte de joueur invisible, qui savait très bien ce qu'il faisait et qui ne s'arrêterait pas avant d'avoir gagné.

Quant à savoir s'il a *vraiment* gagné, c'est une autre histoire.

Irresistible Empire : America's Advance Through Twentieth-Century Europe, de Victoria DE GRAZIA, Harvard University Press, 2005.

14 octobre 2012

DARIO VOLTOLINI

On apprend que les singes sont sortis
de leur cage☆

Lu et relu, chaque fois sans savoir ce que je faisais au juste,
mais avec l'assurance qu'il le savait, lui.

Oh, ce livre est si fragile que je ne dois pas le regarder trop longtemps, sinon il disparaîtra. J'écrirai deux phrases à la fois, puis je ferai une pause : je ne voudrais pas le réduire en cendres.

Parfois, l'écriture est ainsi, elle s'arrête un souffle au-delà du néant et, à la lisière, elle recueille les miettes qui tombent de la nappe colorée sur laquelle les choses existent, bruyantes et réelles. Mais parfois l'écriture s'arrête au bord du fleuve, pourrait-on également dire, et allongée là, un peu par paresse et un peu par ruse, elle attend que le courant lui apporte ces choses bruyantes et réelles, une fois que la vie les a laissées filer. Ce livre au titre long et au souffle court est ces deux écritures à la fois. Avant qu'il ne soit trop tard, je veux l'insérer dans cette chaîne d'ouvrages auxquels je suis reconnaissant, car parmi tant d'énergumènes de l'esprit, tant d'athlètes de l'âme, je ne pourrais tolérer qu'il pût manquer un peu de beauté fragile et indigente : de quelle vision du monde s'agirait-il, sinon ? Pas de la mienne, en tout cas.

Pour commencer, signalons que la moitié des pages sont blanches. Il n'y a là rien d'avant-gardiste : simplement, Voltolini (oui, celui qui a écrit : « Lu Bolaño. Changé de métier ») va à la ligne tous les quelques mots, parfois deux, voire un seul, de sorte que le livre semble écrit en vers et que la moitié de ses pages sont blanches. Mais ce n'est pas de la poésie, je vous prie de me croire, ça n'a même pas grand-chose à voir avec de la poésie. Quand elle est bonne, celle-ci a sa propre puissance dévastatrice, alors que chez Voltolini on trouve juste le pas millimétré d'un petit vieux courbé qui remonte le trottoir, le regard lent de l'enfant qui observe un arbre, les chaussures étincelantes d'un danseur de tango qui bouge au *ralenti**. Il dit les choses et les dit de cette manière, tout au long des cent soixante-dix-sept pages, et sans un seul signe de ponctuation : en allant à la ligne, c'est tout. Le premier mot a une majuscule et il n'y a pas de point final après le dernier.

C'est donc une sorte d'éclair très doux, qui n'est précédé ni suivi de rien. Comme lorsqu'on roule dans la nuit et qu'on croise un animal, qui s'arrête au milieu de la route et vous examine l'espace d'un instant, ses yeux métalliques dans la lumière des phares, avant de disparaître.

Soit. Mais de quoi diable parle-t-il ? me direz-vous. Bonne question. De tout, serais-je tenté de répondre. Mais je peux être plus précis. De coiffeurs, d'accordéons, de légumes en conserve, de lucioles, de moustiques, d'ébénistes, d'autoroutes, de marchés, de restaurants, de petits cailloux enchâssés dans l'asphalte. De Milan, d'un cirque. À un moment, il y a même Arbasino, l'écrivain. C'est un *tout* très particulier que je ne pourrais expliquer qu'ainsi : s'il vous arrive parfois de ne plus réussir à déchiffrer le monde (c'est souvent le cas quand on est fatigué), de ne plus faire l'effort quotidien et nécessaire de lire le monde comme si c'était un texte à comprendre, alors vous savez ce que c'est que de voir glisser au loin tout sens abouti, et vous savez peut-être aussi quelque chose du soulagement soudain qu'on éprouve – telle une sorte de bonheur – en voyant posées devant soi, sans raison apparente, les lettres du monde – pas les mots, pas les phrases : les *lettres*. Ce sont des moments où un reflet dans une flaque d'eau peut en dire long, Salinger nous l'a appris. Prenez ces lettres, posez-les sur une page blanche, quelques-unes à la fois, et si vous êtes capables d'écrire comme Voltolini, vous donnerez le jour à un livre pareil à celui-ci, à condition toutefois qu'une telle chose vous intéresse.

Car la capacité d'écriture (de Voltolini) est elle aussi difficile à définir, mais ce pourrait être un point de départ que de répéter qu'il n'y a là rien qui s'apparente avec écrire de la poésie. Il parvient à rester un pas en deçà de l'acrobatie poétique et un pas au-delà de la simple énonciation. Au milieu, il y a une forme de beauté réservée à un petit nombre et, même pour ce petit nombre, c'est une sorte de succès provisoire inséré entre deux échecs, tant sa précarité est grande. Je n'ai pas envie de donner d'exemples, mais page cent trente-trois, où des glissements successifs nous ont menés dans un bureau de poste, une jeune fille passe et je dirais, moi, qu'elle a *les yeux en amande*. D'autre part, un poète trouverait sûrement une expression plus belle, remplaçant la simplicité rudimentaire des choses par le talent sublime de sa langue. Voltolini, lui, occupe une position médiane entre le poète et moi : « ... mais derrière un chariot rempli de paquets / une jeune fille vêtue d'un pantalon moulant / pousse et tire / elle a des yeux copiés d'une amande et dans son effort semi-absent / sa bouche menue reste close telle une pistache... »

Il peut aussi dériver vers une autre forme d'écriture indépendante, celle des chansons. Peut-être suis-je fou, mais il m'arrive de lire Voltolini et d'entendre les paroles se chanter toutes seules. « ... faire l'amour à Gênes / est un geste d'humilité / avec toute cette mer qui lèche la terre / et cette terre qui tombe dans l'eau / de la fenêtre on voit passer / des voitures suspendues / à quelques mètres. » Moi, je lui donnerais une victoire de la musique. D'autres fois, il est saisi par une fureur incompréhensible et se lance dans d'irrésistibles invectives : « ... vous avez vécu des vies sans substance / fait des choses qui n'ont pas de sens / et vous aimiez / vous adoriez vous sentir un peu abandonnés / un peu différents et originaux / le tout en infimes quantités / vous passiez vos après-midi dans des appartements / vides à faire hurler une Stratocaster / qui sait ce que vous pensiez / faire ou être / rien vous n'étiez rien vous ne faisiez rien... » Allez comprendre ce qu'il a. Nul ne le sait, mais ça ne dure qu'un instant, puis il se remet à observer doucement, une à une, les lettres du monde : « ... un arbre chargé de citrons fait de l'ombre à la chaise oubliée dans la cour / une boule d'air est coincée parmi les feuilles...» Il est comme ça, et il n'est rien qu'on puisse faire à ce sujet.

Enfin, si : on peut le lire, ça oui.

Le scimmie sono inavvertitamente uscite dalla gabbia, de Dario VOLTOLINI, Fandango Libri, 2007.

ANKA MUHLSTEIN

Napoléon à Moscou

À ce stade, vous l'avez deviné : j'adore les livres qui parlent de défaite. Et je ne pouvais donc pas passer à côté de celui-ci, qui évoque le formidable échec du plus grand des vainqueurs.

Cette histoire a un peu plus de deux cents ans. J'ai conscience qu'il faut mettre de côté les souffrances terribles qu'elle a values à des hommes comme nous, mais il n'en reste pas moins que, d'un point de vue narratif, elle est magnifique. Ce livre la raconte très bien, c'est un superbe moyen pour tous d'en connaître les détails.

Napoléon envahit la Russie à la tête d'une armée de quatre cent mille soldats pour vaincre les Anglais. Ce n'était pas un raisonnement très logique et, de fait, rares furent ceux qui le comprirent. Du reste, ceux qui moisirent dans les tranchées de la Première Guerre mondiale et les morts du Vietnam n'avaient pas les idées très claires eux non plus. Parfois, les batailles que les puissants se livrent entre eux sont si raffinées qu'elles paraissent absurdes : des boucheries surréalistes.

Quoi qu'il en soit, ils prirent la route et ce devait

être un spectacle fascinant : pour s'en faire une idée, il faut se dire que certains officiers emportaient leur argenterie et que cent mille têtes de bétail suivaient paisiblement la longue colonne d'hommes telle une sorte de garde-manger en mouvement. Le reste, vous pouvez vous l'imaginer. Napoléon, lui, était plutôt du genre frugal, mais il emporta tout de même une petite bibliothèque d'à peine trois mille volumes. Comme c'était un maniaque du détail, il avait tout fait imprimer sur un papier très fin, avec des marges réduites : c'est comme ça qu'on devient le maître du monde.

Ils passèrent la frontière le 22 juin 1812. Quatre cent mille hommes, ce n'était pas exactement rien et il y avait un fleuve à traverser, ce qui prit trois jours. Devant eux s'ouvrait un territoire immense qu'ils ne connaissaient pas et dont il n'existait alors aucune carte digne de ce nom. Mais somme toute, jusque-là, c'était acceptable. Ce qui les frappa le plus, c'est que ce pays était vide. Tout le monde avait filé. Et cette tactique était inédite, ils ne l'avaient encore jamais rencontrée.

À titre d'information, signalons que ce 22 juin le tsar Alexandre assistait à un bal dans un joli château des environs de Vilnius. Ses généraux, pour qui se battre contre Napoléon était un peu comme d'affronter l'Ajax de Johan Cruijff, avaient opté pour une solution temporaire : gagner du temps et s'organiser. Ainsi, ces quatre cent mille soldats qui étaient prêts à entrer de force en Russie trouvèrent la porte ouverte et la maison vide. Complètement vide : nulle armée ne les y attendait ni même la population. Tous avaient disparu.

Plutôt interdits, ils se mirent donc à avancer dans ce

désert, martyrisés par un été russe fait de soleil brûlant et d'averses diluviennes. Ils ne trouvaient pas d'eau, pas de nourriture, et ne comprenaient pas ce qui se passait. Surtout, ils ne trouvaient personne avec qui se bagarrer. Napoléon le savait : les armées, en particulier la sienne, sont des animaux qui vivent du combat et dépérissent dans l'attente, et une armée qui ne livre pas bataille est une armée promise à la défaite. Avant la fin du mois, il dressa un premier bilan et comprit qu'il avait perdu autant d'hommes que s'ils avaient combattu chaque jour. Ça ne se présentait pas bien.

Ils durent attendre le 27 juillet pour voir enfin l'armée russe alignée en face d'eux. Elle s'était positionnée sur un plateau, défendant la petite ville de Vitebsk. Les Français l'observèrent de loin, tels des enfants qui passent en revue les cadeaux de Noël encore emballés. Toute cette journée, Napoléon affina chaque détail de son plan de bataille. En un clin d'œil, ses soldats retrouvèrent l'ardeur pour laquelle ils étaient célèbres et craints, et ils allèrent se coucher avec des rêves de gloire dans la tête. Quand ils se réveillèrent, le lendemain matin de bonne heure, les Russes avaient disparu. Ils avaient filé dans la nuit en laissant les feux de camp allumés. On ne sut même pas dans quelle direction ils avaient fui : ils n'avaient rien laissé derrière eux, aucune trace, personne qu'on pût interroger. Envolés.

N'était-ce pas un match fascinant ? Eh bien, sachez que c'était juste le début de la partie, car le plus beau restait à venir. Napoléon disputa cette rencontre face à un adversaire invisible dont les mouvements n'avaient pas de sens. Il n'arrivait même pas à comprendre s'il était en train de gagner la bataille ou de la perdre. Chaque fois, il était confronté à la même décision : arrêter et se proclamer vainqueur ou bien continuer à avancer jusqu'à ce que le tsar reconnaisse sa défaite. Quel que soit son choix, il savait qu'il devait agir sans tarder, car l'hiver russe s'annonçait, tel un piège mortel. Autour de lui, tous considéraient que ce serait de la folie de continuer, mais personne ne se défilerait s'il décidait de commettre cette folie. J'ai du mal à me l'imaginer dans sa tente, penché sur l'échiquier. Mais je connais un de ses principes, qui m'a toujours paru d'une simplicité géniale : il n'y a ni bon plan ni mauvais plan, pas de règles meilleures que les autres, il n'y a que des plans qui permettent de gagner, et ceux-là deviennent des règles que les autres adopteront naïvement, les prenant pour les bonnes.

Appliquez ça à la vie quotidienne et vous verrez qu'il n'avait pas tort.

Napoléon à Moscou, d'Anka MUHLSTEIN, Odile Jacob, 2007.

BEPPE FENOGLIO

La paie du samedi

Découvert par hasard, alors que je pensais avoir lu tout Fenoglio : divine surprise.

Parfois, quand je suis à l'étranger, il arrive qu'on me demande qui sont d'après moi les plus grands auteurs italiens. Tout le monde suppose que je vais citer Calvino, car c'est rassurant, mais par pure perfidie je ne le fais jamais et, en lieu et place, je dis : Eh bien, Fenoglio, c'est évident. Quand je dis ça, il se trouve généralement que mes interlocuteurs n'en ont jamais entendu parler. Ils me demandent cent fois de répéter son nom. Ils prennent ma réponse pour une de mes bizarreries.

Pourtant, Fenoglio était vraiment un grand auteur, et le fait que même en Italie ça ne se sache que dans une certaine mesure est sans doute dû à son curieux parcours éditorial, à sa personnalité et à son inexorable *piémontésité*. Il vécut barricadé dans un coin du Piémont, ne lutta jamais contre son destin et conserva toujours une exceptionnelle dignité. Il racontait des choses peu plaisantes, ne prenait pas volontiers le train pour Rome et mourut trop tôt. Aujourd'hui, des gens qui avaient la moitié de son talent figurent dans les livres d'école : ce sont des choses qui arrivent.

Beaucoup connaissent son roman *La guerre sur les collines*, mais ce qu'il a écrit de meilleur se trouve sans doute dans ses nouvelles, et peut-être aussi dans le court roman *Une affaire personnelle*. Et puis il y a une petite secte qui a accès à une vérité cachée : le vrai bijou, c'est *La paie du samedi*. Un livre peu connu, qui ne figure pas dans le volume de la *Biblioteca della Pléiade*, la collection coéditée par Gallimard et Einaudi. Vittorini, son éditeur, le refusa et conseilla à Fenoglio d'en tirer une ou deux nouvelles. Inexplicablement, celui-ci le remercia et obéit. *La paie du samedi* se retrouva donc sur une sorte de voie sans issue où il m'a fallu un bon moment pour venir le dénicher. Je me rappelle avoir commencé à le lire sans attente particulière, simplement heureux qu'il y ait encore des inédits de Fenoglio à découvrir. Or, ce livre était parfait.

Trop cinématographique, avait conclu Vittorini (c'était en 1950). Il arrive que l'intelligence nous joue de vilains tours. Il avait raison, mais n'avait pas vu que c'était justement ce métissage avec le cinéma qui obligeait la littérature à sortir d'elle-même, ainsi que les Américains nous l'ont appris. La vérité, c'est qu'au début des années cinquante Fenoglio pratiquait spontanément le type de littérature qui deviendrait, trente ans plus tard, la nouvelle fiction italienne. Il était donc fichûment en avance sur son temps. Mais, comme les vrais prophètes, il était aussi somptueusement dépassé, avec cette langue dure, archaïque, cette langue de pierre imprégnée de dialecte. Il faisait du cinéma, mais un cinéma brumeux, paysan et sceptique. Il racontait vite, possédait un formidable sens du cadre et écrivait des dialogues dignes d'Hemingway, le tout avec une grammaire incommode, une voix ancienne, une musique lointaine de bal populaire. C'était à la fois le futur et le passé, la ville et la campagne, le crépuscule et l'aube, ce que très peu sont capables de faire.

Dans *La paie du samedi*, il raconte l'histoire d'un de ces très jeunes résistants qui, de retour à la vie normale, se sont égarés. Des inadaptés. (Et j'imagine qu'à l'époque personne n'avait trop envie d'entendre ce genre d'histoires.) Aujourd'hui, de l'eau a coulé sous les ponts et il est plus facile de reconnaître ce qu'il y avait d'éternel dans le récit de Fenoglio : le frottement mortel entre l'infini de l'imagination – du désir, de l'espoir, de la jeunesse, de la faim – et la stérilité du monde réel. S'il parvenait à un résultat si juste et si poétique, c'est parce qu'il était piémontais, je n'ai aucun doute à cet égard. Cela vous fera peut-être sourire, car le mythe de la *piémontésité* n'a jamais eu beaucoup de succès, mais nous qui sommes nés dans cette région savons que cette terre et ses habitants ont reçu en héritage une conscience peu répandue de ce qu'est la douleur : car nulle part ailleurs en Italie on ne se transmet de père en fils le même mélange de timidité et de rébellion, de courage et de modestie. Un mélange irrésistible : nous sommes maladroits face au bonheur et dignes dans l'adversité, de sorte que nous laissons souvent défiler le spectacle de la vie, mais que nous en respectons la noblesse comme peu d'autres. Cela fait de nous des gens un peu flous, souvent destinés aux dernières lignes du générique. Et si nous tirons un quelconque bénéfice de tout cela, c'est sans doute le regard à la fois implacable et attendri que nous posons sur la douleur, une certaine intimité avec elle. Fenoglio incarne ce regard, il l'incarne à chaque ligne, avec une précision et une maîtrise que je n'ai lues chez personne d'autre.

(C'est vrai : nous sommes aussi merveilleusement arrogants, avec mesure, et absurdement sévères, avec brio. Le personnage principal de *La paie du samedi* se prénomme Ettore. Vers la fin du roman, il caresse un espoir, une sorte de rêve, provincial mais lumineux : il voit une station-service dans la campagne, une pompe à essence et c'est tout. Éclatante, brillante. Alors il s'arrête, il l'observe, fait ses calculs et entrevoit un futur. Sa pompe à essence et lui. Un rêve. Il est en compagnie d'un ami qui est également enthousiasmé par cette idée, et ce dernier prolonge ce qu'il a imaginé, il dit que ce serait beau d'ajouter un café à la station-service, comme dans les films américains : un café et une station-service. Ce ne serait pas fantastique ? demande-t-il.

La réponse d'Ettore tient en une demi-ligne. Tout ce qui fait ma région y est.

« Pas d'odeur de frites dans mon distributeur. »)

La paie du samedi, de Beppe FENOGLIO, traduit de l'italien par Monique Baccelli, Gallimard, 2007.

4 novembre 2012

CHARLES DARWIN

L'Autobiographie

Dénichée par hasard chez un bouquiniste. Mais je ne crois pas qu'on tombe sur certains livres par hasard, si on fréquente les bouquinistes.

Comme je le disais il y a cinquante livres, parler de ses plus belles lectures est une façon de parler de soi, de son regard sur le monde, et c'est pour cette raison que j'ai plaisir à conclure ce joyeux défilé par une autobiographie, sans doute la meilleure que j'aie lue ces dix dernières années. Charles Darwin l'écrivit en 1876, six ans avant sa mort et soixante-sept ans après sa naissance. Chaque après-midi, il consacrait une heure à sa rédaction : un travail méthodique. Dans l'éclat de son propre crépuscule, il n'avait pas l'intention de s'abandonner à la valse des sentiments et des souvenirs : il se pencha simplement sur sa vie comme il l'aurait fait pour examiner un lichen, et il en livra le compte rendu. De même qu'il aurait étudié les écailles d'un poisson de Bornéo (je dis ça au hasard), il disposa devant lui tous les éléments de sa vie, il nota les constantes et les anomalies, sans aucune emphase émotionnelle mais toujours avec le soin affectueux que le scientifique réserve à l'objet de ses recherches. Le résultat est une écriture douce et apaisée, qui fait parfois songer au ton d'un enfant, mais jamais inélégante et toujours précise. Et je tiens à dire ici que si vous parlez un jour de vous-même sur ce ton-là et que vous le faites aussi naturellement que lui, alors votre salut est garanti.

Il donna de son incomparable travail de scientifique une définition que je trouve merveilleusement synthétique et claire : « Dès ma prime jeunesse, je nourris le vif désir de comprendre ou d'expliquer tout ce que j'observais, c'est-à-dire de regrouper les faits sous des lois générales. » Au fond, il s'agit là d'un homme qui s'attaqua au mythe de la Création, il aurait donc pu se permettre un peu d'emphase. Mais il n'en fit rien. Sur le même ton, il aurait pu écrire : « Dès ma prime jeunesse, j'ai nourri une vive aversion pour le céleri-rave, que je ne puis avaler ni digérer sans subir de sérieux effets secondaires. » C'est le ton qu'il emploie pour raconter toute sa vie, y compris les moments incandescents : « J'ajouterai ici quelques pages sur mon père, qui était à bien des égards un homme remarquable. » Et, plus loin : « Je ne pense pas que je lui doive beaucoup intellectuellement, mais son exemple a dû être d'une grande valeur morale pour tous ses enfants. » C'était quelqu'un qui pouvait résumer en quelques mots une des épreuves les plus difficiles de l'existence : celle qui consiste à avoir un père.

Dans une autre page que j'adore, il prend le temps de montrer à quel point la passion du travail scientifique a fini, au fil du temps, par le priver de la sensibilité artistique qu'il possédait quand il était plus jeune. « Mon esprit semble être devenu une espèce de machine à moudre de grandes séries de faits pour en tirer des lois générales, mais pourquoi cela a-t-il causé l'atrophie de la partie du cerveau qui commande le sens esthétique, je l'ignore. » À l'école, je me délectais de Shakespeare, ajoute-t-il. J'ai essayé récemment de le lire et je l'ai trouvé ennuyeux à mourir : telles sont ses paroles exactes. Si je devais revivre ma vie, conclut-il, je me ferais une règle de lire un peu de poésie et d'écouter de la musique au moins une fois par semaine : peut-être les parties de mon cerveau aujourd'hui atrophiées auraient-elles pu ainsi se maintenir en activité. Puis il lâche une petite phrase qui, si elle était de moi, ne vaudrait rien. Mais elle est de Darwin et, quand il la dit, elle me semble d'une candeur et d'une simplicité irrésistibles : « Perdre ces goûts est non seulement une perte de plaisir, mais c'est peut-être aussi dommageable à l'intellect et à nos facultés morales. »

Il ne dit rien ou presque de sa vie privée, ce qui est une autre leçon à retenir. Il y a juste un petit chapitre sur son style de vie, deux pages à peine, qui sont parmi mes préférées. « Peu de gens ont vécu plus retirés que nous », affirme-t-il. Mais c'est l'explication, qui me frappe : « Dans les premiers temps, nous sortions un peu, et recevions de même ; mais ma santé se ressentait presque toujours de cette agitation, qui me causait de violents frissons et des crises de vomissement. » Bien sûr, seul un naturaliste pouvait consigner dans son autobiographie l'entité exacte des frissons qui le saisissaient lorsqu'il voyait des amis sans s'arrêter sur l'énormité de la chose. Pour Darwin, c'était une simple affaire de causalité émotion-frissons. L'idée qu'un homme contraint de vivre isolé parce que le simple fait de voir des amis le rend malade jusqu'au vomissement soit un destin d'une douleur déconcertante et non un vulgaire automatisme de la nature ne l'effleura jamais. On pourrait en tirer un livre, lui n'y consacre que quatre lignes. Et il parle de lui-même, d'années de solitude, d'un nombre désarmant de soirées passées dans le silence et l'isolement, bon sang. Quatre lignes. Plus trois : « J'ai donc été obligé d'abandonner les dîners pendant de nombreuses années ; j'en ai éprouvé quelque regret, car de telles réunions me donnaient toujours de l'entrain. » Déchirant.

(Je me demandais par quel mot je conclurais cette aventure au bout d'un an et je me retrouve face à ce *déchirant*. Je ne sais pas trop : ce n'est pas si mal, mais j'aurais préféré *lavabo* ou *reflet*, que sais-je. Plus légers, c'est tout. Même *loin* aurait été bien. Ou *blanc*.

C'est une chose qu'on n'arrive jamais à contrôler tout à fait : ce qui remonte à la surface en dernier, une fois qu'on a fait ce qu'on avait à faire et qu'il ne reste plus que le soulagement bien mérité d'une certaine *fin*.)

L'Autobiographie, de Charles DARWIN, traduit de l'anglais par Jean-Michel Goux, Seuil, 2008.

235

Composition PCA/CMB Graphic.
Achevé d'imprimer
sur Roto-Page
par l'Imprimerie Floch
à Mayenne, le 2 novembre 2015.
Dépôt légal : novembre 2015.
1ᵉʳ dépôt légal : octobre 2015.
Numéro d'imprimeur : 88965.

ISBN 978-2-07-014823-3 / Imprimé en France.

297876